壓力與生活

周文欽　孫敏華　張德聰 ◎ 著

作者簡介

周文欽 　　　　　　　　　　（負責第一、二、三、四章）

◆ 國立台灣師範大學教育研究所博士
◆ 國立空中大學生活科學系退休副教授

孫敏華 　　　　　　　　　　（負責第五、六章）

◆ 國立台灣師範大學輔導研究所碩士
◆ 曾任國防大學政戰學院心理及社會工作學系兼任教授

張德聰 　　　　　　　　　　（負責第七、八章）

◆ 國立台灣師範大學教育心理與輔導研究所博士
◆ 曾任國立空中大學生活科學系副教授

序

在目前這個開放化、多元化與競爭化,且瞬息萬變的時代裡,壓力總是如影隨形緊跟著人們。壓力對人們的影響,輕者情緒不穩定、心理不舒服或胡思亂想,重者這邊痛那邊痛、心理異常,甚或是產生自殘、暴力行為。由此可見,壓力對生活的影響是何等的重大!準此言之,為了提升生活品質,每個現代人都應了解壓力、面對壓力、管理壓力與因應壓力。撰述本書的主要緣由,即在協助人們認識壓力,並學習管理和因應壓力的方法。

本書由孫敏華、張德聰和筆者共同執筆,集體創作。撰述前,執筆者一起協商全書架構及各篇章名稱與內容大要,再由各執筆者依其專長分章撰述。完稿後,為期全書之體例格式趨於一致,筆者綜覽全稿以求全書之一致性與統整性。

本書共分四篇八章。第一篇壓力理論,旨在說明壓力的基本概念,和壓力源的涵義與種類;在這一篇裡特別指出,產生壓力的刺激或事件並非都是負面的,有些壓力還會產生正向的反應。第二篇壓力反應,詳述壓力下的各種反應,包括身體疾病的生理反應,和行為、情緒、防衛與心理異常等心理反應。第三篇壓力實務,介紹感情、家庭婚姻、工作生涯與經濟等一般成人常見的壓力,及軍人、警察、服務業等特殊族群的壓力問題。第四篇壓力管理,明示壓力管理的基本架構,及心理、生理、社會支持和綜合性等策略的壓力因應方法。

本書以易讀、易懂、易學與實用自許,惟因屬集體創作,在統整與一致性上容有疏漏或未盡周延之處,至盼讀者與學界先進不吝指正,俾利再刷或再版時修訂與更新。本書的出版,要特別感謝心理出版社總編輯林敬堯先生的費心規劃與催稿,及執行編輯陳文玲小姐的溝通協調與細心且精心的編校。

周文欽 謹識

99 年元月於汐止

目次

第三篇　壓力實務

第四篇　壓力管理

第一篇
壓力理論

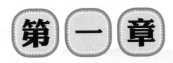

第一章

壓力的基本觀念

學習目標

——研讀本章內容之後，學習者應能達成下列目標：

1. 了解壓力的涵義。
2. 說出壓力的種類，並了解各種壓力的涵義。
3. 比較各種壓力的差異處。
4. 了解壓力的測量方法，並能運用之。
5. 說出影響壓力反應的因素。

摘　要

　　壓力有多種涵義，從刺激事件的觀點，壓力是指一種會令人再適應以致引起某些反應的刺激事件；從反應狀態的觀點，壓力是指因某些令人須再適應以獲得個人之平衡狀態的刺激，所引起的反應；從歷程的觀點，壓力是指評估事件、衡鑑潛在反應，及對事件反應的歷程。壓力可有各種不同的分類，依壓力產生的效應，可將其分成劣質壓力與良質壓力；依壓力對個體負荷程度，可將其分成過度壓力與輕度壓力；依壓力之性質，可將其分成正面事件壓力與負面事件壓力；依個人對壓力的反應水準，可將其分成輕壓力、中壓力與重壓力；依壓力之影響時間，可將其分成短期壓力與持續壓力。

　　測量壓力比較常見的方法有四種：⑴生活事件法；⑵日常瑣事法；⑶自我知覺法；⑷壓力訊號法。影響壓力反應的主要因素，可歸納成：⑴事件的特徵（包括事件的數目、處理事件的時間、對事件的預測力）；⑵A 型性格；⑶壓力源評估（包括初級評估與次級評估）；⑷個人控制感；⑸社會支持。

在現今這樣一個充滿不安、快速變遷及人際互動頻繁，而且事事皆以多元化和競爭為特徵的社會裡，絕大部分的人，都會感受到無比的壓力。颱風、水災、地震與火山爆發等天災，固然會令人產生壓力；戰爭、治安不好與經濟不景氣等人禍，也會使壓力如影隨形地緊跟著你我；日常生活中的考試、讀書、升學、就業、失業、投資理財、交友戀愛、夫妻相處、奉養父母、子女管教、婆媳關係、親人健康、交通阻塞等諸事，亦會讓人深感壓力重重；甚或是結婚生子、觀光旅遊、購置豪宅、喬遷新居、升官發財、金榜題名、重拾舊愛、他鄉遇故知、中樂透彩頭獎等人生喜事，也可能會帶來難以言宣的壓力。壓力！壓力！幾乎每個人都有過壓力，也幾乎沒有人能避免壓力。然而，人們卻未必能精確地了解到底什麼是壓力。本章的旨趣即在闡釋壓力的基本概念，首先說明壓力的涵義，接著說明壓力的種類與壓力的測量，並以論述影響壓力反應的因素作結。

第一節

壓力的涵義

當我們聽到人們說，他們正處在「強大的壓力下」，這時我們可能會做如下的詮釋：他們無法處理眼前所面對的問題或情境；或他們此時正經驗到莫大的緊張、痛苦和不舒服。以上對壓力的兩種詮釋都算對，儘管詮釋內涵和性質各有不同。所以就有心理學家說，壓力是科學文獻裡最不精確詞彙當中的一個。其基本問題在於，壓力這個詞彙同時用來描述壓力歷程的來源與作用（Williams, 1994）。當我們視壓力為來源（sources）時，如前述的問題或情境，則壓力可解釋成刺激或是一種輸入（an input）；當我們視壓力為作用（effects）時，如前述緊張、痛苦和不舒服，則壓力可解釋成反應或是一種輸出（an output）。另有學者（如周文欽，1999；Sarafino, 2002），亦深感壓力涵義的不精確性和複雜性，因此都從刺激、反應與歷程等三個層面來申述壓力的涵義，期能對壓力的涵義做出更具周延性的闡釋。

再者，「壓力」這個詞彙分別應用於物理學與心理學二個學門，物理學上的「壓力」是譯自英文"pressure"，它是指物體表面上每單位面積所受正向力大小；當應用於心理學時，它則是譯自英文"stress"（三民書局新辭典編纂委員會，1989）。誠如前文所述，可知心理學上壓力的涵義不似物理學上那麼單純一致，常會因立論者的不同而呈現相當的多樣性與紛歧性。就心理學家的觀點言，通常都會從三個層面來界定壓力：(1)視壓力為刺激事件；(2)視壓力為反應狀態；(3)視壓力為歷程。

一　壓力為刺激事件

持此種觀點的學者認為，壓力是一種會令人再適應以致引起某些反應的刺激事件（stimulus event）。所謂再適應（readjustment），是指個人處於失衡狀態（disequilibrium），再讓其恢復平衡狀態（equilibrium）的歷程；平衡狀態是指正面、興奮、快樂、愉悅、達觀與進取等心理感受，失衡狀態則是指負面、消沉、哀愁、痛苦、悲觀與退縮等心理感受。莫利斯（Morris, 1990, p. 487）就認為：「壓力是指任何會引起緊張或威脅，並且個人必須去改變或調適（即再適應）的環境事件。」從這個定義，可以讓吾人了解，並非所有的刺激或環境事件都是壓力，只有那些會引起不愉快經驗，且須令人去改變自己的行為和習慣的刺激或環境事件，才可稱為是壓力。例如，同樣是「失業」這個刺激或環境事件，當老趙碰到失業時，立即表現出意志消沉、痛苦難抑，且從此不與人來往或每天閱報找工作，此時失業對老趙而言，就是一個壓力。另小王雖然失業了，但舞照跳、牌照打，每天照樣早晨七時半開車出門，而且日常情緒絲毫未受影響，此時失業對小王而言，就不是一個壓力。再者，稱得上是壓力的刺激，未必都是負面的（如失業、大地震、火災等），也有可能是正面的（如升官發財、結婚生子、金榜題名等）。所以心理學者傅比斯（Forbes, 1979）就曾指出，壓力是中性的，無所謂好壞。

能視為壓力的刺激事件，心理學上稱為壓力源（stressor），從文獻上顯示，

壓力的研究人員大都將壓力源分成下述三類（Sarafino, 2002）：

1. **災難事件**（catastrophic events）：如龍捲風與地震。

2. **主要的生活事件**（major life events）：如失業與離婚。

3. **慢性情境**（chronic circumstances）：如關節炎與癌症所引致的嚴重疼痛。

 ## 二　壓力為反應狀態

　　持此種觀點的學者，認為壓力是指因某些令人須再適應以獲得個人之平衡狀態的刺激，所引起的反應（response）。人生在世，時時經驗著各種來自四面八方的刺激：

1. **有形且客觀存在的刺激**：例如，地震、戰爭、群眾運動、車禍、參加考試、升官發財等。

2. **無形和主觀的刺激**：例如，個人對自己和外在人、事、物的想法與看法。

3. **來自於本身自發生理變化的刺激**：例如，內分泌失調與腦神經系統的病變等。

　　上述的各種刺激並非都會引起人們的壓力反應，唯有那些會令人處於失衡狀態，而且會令人再適應之刺激所引起之反應，才能稱之為壓力。

　　職是之故，國外學者齊姆巴杜（Zimbardo, 1988）就指出：「壓力是指干擾個人心理平衡及超過個體能力之刺激事件，所引起的特殊與非特殊的反應組型（p. 496）。」人們的壓力反應通常涵括多個生理反應和心理反應，而非單單只有一個生理反應或心理反應，因此齊姆巴杜才將壓力界定為反應組型。所以就有《新辭典》（三民書局新辭典編纂委員會，1989）將壓力解釋為：「個體於自覺適應困難、自尊受貶、力不從心等威脅之下，所產生的身心反應（第490頁）。」此定義將壓力界定為身體（生理）反應及心理反應，不過也有學者對壓力的見解著重於心理反應，如張春興（1989）就認為：「壓力是指個體生理或心理上感受到威脅時的一種緊張狀態。此種緊張狀態，使人在情緒上產生不愉悅甚至痛苦的感受（第630頁）。」

　　人們的壓力反應組型有很大的個別差異，大部分都屬於非特殊的反應組型，

如緊張、恐懼、睡不安穩、血壓上升、胃口變差、精神恍惚、心跳急速等；少部分則會產生特殊的反應組型，如用菸蒂或小刀片自殘、吸毒、吃咬頭髮、開瓦斯自裁、胡言亂語、精神錯亂、性侵害、暴力相向等。至於有關壓力的各種反應，詳見第三章（壓力的生理反應）及第四章（壓力的心理反應）。人們對壓力源（壓力事件）所產生的心理和生理反應，稱之為緊張（strain）（Sarafino, 2002, p. 71）。

三　壓力為歷程

　　相同的刺激事件，有人會視其為壓力源，有人則不會；一樣的壓力源，有人會產生明顯、激烈的負面反應，有人則反應尋常，僅是引致些微的漣漪。比如說，有人認為考試是謀職、晉階、窮人翻身的最佳途徑，而且該人又對考試做充分準備，因此對他而言，考試不是壓力。然而，有人為考試而讀書時，一見書就頭昏腦脹，有考就有「當」，「當」後就心情沮喪且常招致師長、同儕的冷言冷語，此時對他來講，考試就是一件極大的壓力。再比如，有人視 hip pop 為人間天籟，一聽，陶醉沉迷樣令人欣然，彷彿看到長夜後的微曦；有人則視其為魔音穿腦，一聽，天旋地轉怒不可遏，就似世界末日悄然到臨。有人當謀職面談是一種挑戰，有人則當其為重大威脅。有人升官或結婚後，鎮日樂不可支，走路飄然有風；有人則是終日愁眉不展，不知下一步該如何是好。準此言之，升官與結婚對某些人而言，還真是壓力呢！

　　綜上所言，近些年來心理學家在對壓力下定義時，都會強調它是個人與環境之間的關係、溝通與交互作用（Lazarus & Launier, 1978; Ogden, 1996; Taylor, 1986）。有學者（Sarafino, 2002）更進一步指出，壓力是一種涵蓋壓力源（stressors）與緊張（strains）的歷程；此種歷程意味著，人與環境間彼此相互影響下，會持續不斷地交互作用與適應。根據此觀點，壓力不只是一個刺激或反應，而是一個歷程；在這個歷程裡，人是主動積極的行為者，他能經由行為的、認知的及情緒的策略以處理或調適壓力源。一言以蔽之，刺激事件是否會形成壓力，

壓力下會產生什麼樣的反應，常是取決於當事人本身的作為（特別是認知）。

將壓力視為是刺激事件與反應狀態之間歷程的學者有包姆等人（Baum, Singer, & Baum, 1981），他們將壓力界定為：「壓力源威脅個體存在（existence）與良好生存（well-being）的歷程（p. 4）。」泰勒（Taylor, 1986）則將壓力解釋為：「壓力是評估事件、衡鑑潛在反應，及對事件反應的歷程；壓力的反應包括生理的、情緒的、認知的，和行為的改變（p. 416）。」

第二節
壓力的種類

依據觀點的不同，壓力可有各種不同的分類。但不論何種分類，吾人都應將壓力視為是中性的，而沒有好、壞之分。一般人會將壓力視為是好的或壞的，都是根據當事人如何去看待與處理壓力源，以及過去的壓力經驗和個體本身的各項特質（Orlandi & Prue, 1988）。從下述的壓力分類，可讓我們覺知到壓力的多元化和多采多姿，沒有壓力，人生將由彩色變為黑白，由生動有趣變為枯燥單調。

薛力（Selye, 1980）依壓力產生的效應，將其分為劣質壓力與良質壓力；薛力氏亦依壓力對個體的負荷程度，將其分為過度壓力與輕度壓力；依壓力事件之性質，可將其分為正面事件壓力與負面事件壓力；艾德華特（Atwater, 1994）依個人對壓力的反應水準，將其分為輕壓力、中壓力，與重壓力；再者，我們也可依壓力之影響時間，將其分為短期壓力與持續壓力。

9

一　依壓力產生的效應分

壓力的立即效應，幾乎都是令人生厭、不愉快、不舒服或痛苦的負向心理感受或生理變化，但其長期效應有所不同，有可能是負向的，也有可能是正向的。依壓力所產生的長期效應論之，壓力可分成下述二種。

㈠劣質壓力

　　所謂劣質壓力（distress），是指就長期效應而言，會產生負面、消極與不好結果的壓力。日常舉目所見的壓力大都屬於劣質壓力，例如，失業和病痛等是。失業後常會令人產生惶恐、不滿和失望等心理感受，及失眠、嗜酒等行為反應，甚且會造成嚴重的經濟問題。

㈡良質壓力

　　所謂良質壓力（eustress），是指就長期效應而言，會產生正面、積極與良好結果的壓力。例如，結婚、榮升新職與參加各種競賽或考試等是，因這些壓力會為個人帶來名利和喜悅，也會幫助人們成長或達成理想與願望。

　　一般而言，任何的壓力都可能產生負面結果，也可能產生正面結果，因此，就同一個壓力來說，對甲而言，它是劣質壓力，然對乙而言，它卻是良質壓力。例如，甲失業後，整日怨天尤人，不是咒罵國際經濟不景氣，就是責怪執政黨不爭氣，每日喝酒鬧事，終至妻離子散，最後走上自殺之路。乙則在失業後，積極培養第二專長以做生涯轉換，為此，乙重拾書本努力進修，並與人為善擴展人際關係，十年後，乙開拓事業第二春，名利與地位更勝往昔。由此見之，同樣是失業的壓力，對甲是劣質壓力，對乙則是良質壓力。

二　依壓力對個體的負荷程度分

㈠過度壓力

　　所謂過度壓力（hyperstress），是指超過個體所能容忍、無法因應且會造成嚴重後果的壓力。例如，股市崩盤讓家庭主婦一夕間輸掉先生剛交付之準備購屋置產的上千萬元退休金，並負債億元，之後該婦人深覺對不起先生，在債主日夜逼債下，以一枝「番仔火」點燃瓦斯了卻一生。剛上戰場的菜鳥新兵，目睹同袍被擄殘殺，自此，新兵夜夜惡夢，食不下嚥，鎮日情緒緊張至極，最後被診斷為得了「創傷後壓力症」（posttraumatic stress disorder, PTSD）。綜前所述，股市崩盤的壓力，對該婦人而言就是過度壓力；同袍被殘殺的壓力，對該新兵而言也是一種過度壓力。

(二)輕度壓力

所謂輕度壓力（hypostress），是指個體能夠容忍，可以處理和因應，而且也不會產生太多負面反應的壓力。在一般正常的情況下，大部分的壓力都是屬於輕度壓力。

三　依壓力事件之性質分

(一)正面事件壓力

所謂正面事件壓力（positive event stress），是指產生壓力反應的刺激或環境事件是美好的或令人欣羨的。有些美好的事件常會促使人去改變，或調適其生活型態與習慣，生活型態與習慣的改變則常會伴隨著不安、不快、緊張與痛苦，像此種美好的事件，就是正面事件壓力，如結婚者是。結婚雖是美好的事件，但也是會產生劣質結果的事件；大部分的婚禮都有許多擾人與煩雜的事項要處理，再者，婚姻生活會使個人與父母、同儕、昔日異性密友及新伴侶間發生重大的改變。依此推之，升高官與發大財有時會對人造成重大的壓力，也就不令人意外了。

正面事件這種刺激事件，為何也會使人們產生負面和消極的壓力反應呢？這個問題從莫利斯（Morris, 1990, p. 487）對壓力的定義（壓力是指任何會引起緊張或威脅，並且個人必須去改變或調適的環境事件），就可以得到合理且一語中的之解答。

(二)負面事件壓力

人們日常所經驗到的壓力大部分都是屬於這一種，例如：地震、病痛、離婚、失業、性暴力、治安惡化、經濟不景氣等皆是。所謂負面事件壓力（negative event stress），是指產生壓力反應的刺激事件或環境是不好的或令人避之唯恐不及的。

事實上，會令人產生壓力的事件，並不取決於事件的正面或負面，它除了受前述莫利斯之壓力定義所左右外，主要是受人們對該事件的經驗或認知所決定。比方，「離婚」這個負面事件對某些人來講，是個解脫，也可以是一段孽緣的了結，從此海闊天空，獨木橋或陽關道任君選擇，在這種情況下，「離婚」就不會

產生負面的壓力反應。反之，「結婚」雖是一個正面事件，惟想到婚後要與公婆、小姑、小叔同住一個屋簷下，思及婚後的柴、米、油、鹽、醬、醋、茶、性生活的調適與錢財的支配管理，又看到「天下的男人都會犯同樣的錯誤」，緊張、害怕、不安與對不可知未來的惶恐就油然而起，充塞心頭，在這種情況下，「結婚」對她而言就會形成莫大的壓力。

四　依個人對壓力的反應水準分

㈠輕壓力

所謂輕壓力（mild stress），是指能夠激發人們變得更警覺、積極及機智的壓力。

㈡中壓力

所謂中壓力（moderate stress），是指可能會對人們的生活產生分裂性效應（disruptive effect）的壓力。在中壓力下，人們對於他們所處的環境會變得不敏感，易於急躁，而且較傾向於依賴某些較固定或特殊的因應方式。

㈢重壓力

所謂重壓力（severe stress），是指會令人們抑制正常的習慣性行為，且可能會導致冷漠和僵化（immobility）的壓力。有重壓力反應的人，在面對極端的挫折或困乏時，總是會感到無助與絕望。

五　依壓力之影響時間分

就壓力反應對個體影響時間之長短，或從個體經驗壓力感受之久暫來分，可將壓力分成短期壓力與持續壓力。

㈠短期壓力

所謂短期壓力（short-term stress），是指讓個體即時產生壓力反應，或壓力反應影響個體之時間較為短暫（如一星期內）的壓力，亦即指讓個體經驗到的壓

力感受是即時或時間短暫的壓力。通常我們所經驗到的壓力,大都是屬於這一種。大部分用來測量壓力(詳見本章第三節)大小的生活事件,也幾乎都屬於短期壓力;例如,面臨期末考,收到各種罰單,幼子突發高燒或參與節慶活動等。像前述諸種刺激事件,只要事件過了或結束了,壓力反應亦會隨之消失,如考完了期末考,罰單的罰款繳了,幼子的燒退了,節慶活動曲終人散了後,緊張、不安、焦慮或興奮等情緒亦將會隨即復歸於平衡。

㈡持續壓力

　　所謂持續壓力(ongoing stress),是指讓個體之壓力反應或壓力感受一直延伸至一段較長時間(如好幾星期、好幾個月,甚至好幾年)的壓力。短期壓力大都屬於較特殊或偶發的單一生活事件,持續壓力則常是源自於眾多單一生活事件的組合體或是涵蓋範圍較廣的事件,這些事件通常都較具有普遍性與長久性。例如,期末考、小考、段考或英文科目的考試都是短期壓力,若不特別說是何種考試,而只泛稱是考試的話,則它就變成是持續壓力。人生生涯歷程中,較常見的持續壓力有下述諸種(Moos & Swindle, 1990):

1. 身體健康的壓力。
2. 家庭與鄰居的壓力。
3. 財務經濟的壓力。
4. 工作的壓力。
5. 配偶或伴侶的壓力。
6. 兒女的壓力。
7. 因婚姻所構成之家族的壓力。

 第三節

壓力的測量

　　壓力是一種自我知覺的品質,這意味著沒有絕對的壓力量數,亦即壓力是無

法經由絕對的客觀方法去加以測量。雖然，透過問卷或測驗，可以記錄到人們所知覺到之壓力的程度，而且也有助於提升人們對壓力的洞察力；惟因問卷或測驗都是屬於「自我陳述工具」（self-reporting instruments），所以它們的運用前提是受試者的誠實答案及自我覺察的能力。職是，經由前述工具所測量到的壓力程度，未必和外在壓力源的大小存有密切的關係（Williams, 1994）。再者，因壓力的經驗相當複雜，就算在相同的情境下，每個人對壓力的感受或反應也各異其趣，所以壓力的測量就有其困難。但因測量人們的壓力有實務上的需要，所以研究人員持續不斷設計各種測量壓力的方法，俾以探究壓力對我們的健康、成就與生存的影響，進而尋出一套調適壓力的方法。目前，測量壓力比較常見的方法，有下述四種：(1)生活事件法（lift-events approach）；(2)日常瑣事法（daily hassles approach）；(3)自我知覺法（self-perception approach），及(4)壓力訊號法（stress signals approach）。

一 生活事件法

因為重大的生活事件對於人們而言常是明顯的壓力源，所以運用生活事件法來測量壓力，就首先被提出來研究。最早運用此法所設計出來的測量工具，最有名者當屬由何慕斯與雷伊（Holmes & Rahe, 1967）所編製的〈社會再適應評定量表〉（Social Readjustment Rating Scale, SRRS）。他們二人認為，重大的生活事件會使人在行為上或習慣上產生質或量的改變，就因為這種改變，使人們的心理情緒亦隨之波動，進而讓人感受到壓力。

造成壓力的生活事件可能是負面事件（如失業、離婚、欠債、收到罰單等），也可能是正面事件（結婚、得獎、懷孕、節慶假期、升官等）；因此，〈社會再適應評定量表〉就包括正、負面之生活事件，這些事件之壓力的總和就是個人的壓力。前述量表裡的再適應，是指個體遇到生活事件時身心會失去平衡，再讓其恢復平衡以適應此一事件所做的努力程度。

何慕斯與雷伊二氏在編製 SRRS 時，首先挑選四十三種重大的生活事件，並

運用大小估計法（magnitude estimation），以「結婚」事件為對照刺激，將個人對「結婚」事件所需要之再適應數值訂為 500。接著，要求受試者以 SRRS 中的每一個生活事件和「結婚」事件進行比較，並從 0 到 1000 之間選擇任一數字，來代表對該一事件再適應的努力程度。之後，計算出全部受試者對每一事件之評定分數的平均數，再將每個事件之平均數除以 10，這個除以 10 所得的數值稱為平均量表值（mean scale value，簡稱平均值），該數值代表該事件對個人所產生的壓力大小（葉明華，1981）。此一量表之內容詳見表 1-1。

　　〈社會再適應評定量表〉在使用時，是先詢問受試者在過去某特定時間內（一年或半年內）遭遇到哪些生活事件，並將其圈選出來，隨後再將那些被圈選出來之生活事件的平均值（參照表 1-1）加總在一起，這個加總的數值就代表該受試者在特定時間內的壓力值，何慕斯與雷伊稱這個值為「生活改變值」（life change units, LCU）。有學者研究 SRRS 和健康的關係發現（Insel & Roth, 1985）：

表 1-1　社會再適應評定量表

等級	生活事件	平均值
1	配偶死亡	100
2	離婚	73
3	夫婦分居	65
4	牢獄之災或被拘留	63
5	親密家族成員死亡	63
6	嚴重的個人受傷或疾病	53
7	結婚	50
8	被解僱	47
9	夫婦間的再和解	45
10	退休	45
11	家人之健康或行為的重大改變	44
12	懷孕	40
13	性關係困難	39
14	增添家庭成員（經由出生、領養或老年人遷入）	39
15	企業再整頓（如合併或破裂）	39
16	重大的財務變化	38

（續）

續表 1-1

等級	生活事件	平均值
17	密友死亡	37
18	改行換工作	36
19	與配偶起大爭執	35
20	巨額貸款	31
21	借貸抵押物被沒收	30
22	職務改變（如晉升或降級）	29
23	子女離家（如結婚或上大學）	29
24	法律問題之困擾	29
25	個人有傑出成就	28
26	太太外出工作或離職	26
27	初入學或畢業	26
28	生活環境重大變化	25
29	個人習慣的調整	24
30	與上司相處困難	23
31	工作時間或環境重大改變	20
32	遷居	20
33	轉學	20
34	休閒方式重大改變	19
35	宗教活動重大改變	19
36	社交活動重大改變	18
37	小額貸款	17
38	睡眠習慣重大改變	16
39	家人團聚次數重大改變	15
40	飲食習慣重大改變	15
41	度假	13
42	聖誕節	12
43	輕微違法（如收到交通罰單或闖紅燈）	11

（資料來源：引自 Holmes & Rahe, 1967）

1. LCU 高於 300 的人會有最高度的健康危機。

2. LCU 介於 150 至 300 的人在二年內會有 50%的機會發生嚴重的健康變化。

3. LCU 低於 150 的人大約有三分之一的機會會發生嚴重的健康變化。

國內葉明華（1981）依照何慕斯與雷伊的方法，以國內大學生為研究對象，將 SRRS 修訂成〈大學生社會再適應量表〉，該量表的生活事件及平均值，如表 1-2 所示。

表 1-2　大學生社會再適應量表

等級	生活事件	平均值
1	父母死亡	93.2
2	家族近親死亡	83.5
3	父母離婚	81.1
4	個人名譽受損	70.0
5	家庭經濟破產	69.9
6	好友死亡	69.7
7	家屬健康重大改變	69.2
8	發生性關係	67.2
9	個人身體有重大傷害	66.0
10	個人身體有重大疾病	64.1
11	經濟來源中斷	60.7
12	戀人移情別戀	60.5
13	與戀人分手	59.5
14	與父母起衝突	57.5
15	成績不及格，50 分以下	55.5
16	擔心被退學	55.4
17	補考	55.3
18	與異性熱戀	54.9
19	違反校規，受校方處罰	54.0
20	擔心畢業後就業困難	53.7
21	兄弟姊妹不和	53.4
22	擔心畢業後學非所用	52.9

（續）

續表 1-2

等級	生活事件	平均值
23	與師長發生衝突	51.8
24	初戀	51.4
25	擔心考試成績不理想	50.7
26	面對期末考	50.0
27	擔任社團負責人或幹部	48.2
28	開始追求異性	48.1
29	個人有傑出成就	47.9
30	轉學	46.5
31	與戀人爭吵	44.3
32	轉系	44.2
33	面對期中考	43.7
34	擔心會休學	41.6
35	與同學起衝突	40.7
36	睡眠習慣重大改變	39.4
37	開始接受大學教育	38.8
38	離鄉背井	38.4
39	擔任家教工作	36.5
40	學校作業很多	36.4
41	拿書卷獎或其他獎助金	36.1
42	讀書時間或方式有重大改變	35.0
43	社交活動有重大改變	33.9
44	個人習慣有重大改變	33.7
45	宗教信仰活動有重大改變	33.4
46	消遣活動有重大改變	31.3
47	搬家	26.5
48	過新年或聖誕節	24.1

（資料來源：引自葉明華，1981）

二　日常瑣事法

　　生活事件法最大的缺點，是個人在特定時間內要遭遇到重大生活事件（例如，SRRS 內的結婚、巨額貸款或轉學等）；再者，令人感到壓力的刺激常不是重大的生活事件，而是日常生活中微不足道的瑣事。就一般常理而言，每個人不一定會遇到重大的生活事件，但必然會有不少的日常瑣事煩心擾人；因此，有學者運用日常瑣事法來測量壓力，例如，凱納等人（Kanner, Coyne, Schaeffer, & Lazarus, 1981）編製有〈瑣事量表〉（The Hassles Scale），其部分內容參見表 1-3。

表 1-3　瑣事量表（部分）

日常瑣事	嚴重度
1. 錯放或遺失東西	①②③
2. 惹人厭的鄰居	①②③
3. 社會責任	①②③
4. 不體諒人的吸菸者	①②③
5. 想到死亡	①②③
6. 家人的健康	①②③
7. 缺錢買衣服	①②③
8. 擔心欠人錢	①②③

（資料來源：引自 Kanner et al., 1981）

三　自我知覺法

　　第三種測量壓力的常用方法，是測量人們對生活裡之整體與普通壓力的自我知覺。此種方法所用的測量工具，常見的有由柯亨與威廉森（Cohen & Williamson, 1988）所編製的〈知覺壓力量表〉（Perceived Stress Scale, PSS），這個量表的內

容詳見表1-4。PSS與前述二種量表不同，它不要求受試者去評定特殊事件的壓力感，取而代之的是，要求受試者評定超過他們因應能力之目前生活環境需求的程度。

表1-4　知覺壓力量表

◎在最近一個月裡，你對下列事項感到：

A.不能控制你生活裡重要的事情？
　0. 從來不
　1. 幾乎不
　2. 有時是
　3. 常常是
　4. 總是

B.對於處理你個人問題之能力的信心？
　0. 總是有
　1. 常常有
　2. 有時有
　3. 幾乎沒有
　4. 從來沒有

C.事情依你的方式去做？
　0. 總是會
　1. 常常會
　2. 有時會
　3. 幾乎不會
　4. 從來不會

D.事情太難，以至於你無法克服？
　0. 從來不會
　1. 幾乎不會
　2. 有時會
　3. 常常會
　4. 總是會

（資料來源：引自 Cohen & Williamson, 1988）

〈知覺壓力量表〉的計分很容易，只要將該量表中A至D四道題之各題的得分累加在一起，其所得之總分即代表受試者的壓力程度。得分愈低者，代表壓力感愈小。柯亨與威廉森在全美國抽樣施測，結果顯示：女人的平均分數是4.7，男人則是4.2。他們二人也利用這個量表從事一系列的研究，主要的研究發現如下述諸端（Cohen & Williamson, 1988）：

1. 低壓力分數的人，自認為自己的健康狀態與健康習慣（如運動與不抽菸等）比較好。

2. 對於心理和生理疾病的預測效果，PSS 優於 SRRS，特別是針對首先出現之健康問題的預測。

四 壓力訊號法

前述三種測量壓力的方法，測量後都能以一個量化的數據來代表受試者的壓力程度（大小）。壓力訊號法則因不使用量表，所以測量結果無法以量化數據呈現受試者的壓力程度，本法採用類似檢核表的工具，請受試者依實際狀況圈選之。本法雖也在了解受試者的壓力程度，不過與前述三法最大的不同是：生活事件法、日常瑣事法與自我知覺法所測量到的壓力程度，可供人際之間的比較，也可了解受試者之壓力程度在團體中所占的地位；壓力訊號法則沒有上述二種功能，此法只能做個人內（即自己先後時間）的比較。

壓力訊號法將壓力訊號分成身體訊號、心理訊號，和行為訊號等三種，其具體內容詳見表 1-5、表 1-6，與表 1-7。

表 1-5　壓力的身體訊號

◎背痛	◎心口灼熱
◎便秘	◎失眠
◎拉肚子	◎肌肉痙攣
◎暈眩	◎噁心
◎口乾	◎沒胃口
◎過度呼吸	◎心怦怦跳
◎過度飢餓	◎呼吸短促
◎疲倦	◎皮膚疹
◎昏倒	◎手顫抖
◎頭痛	◎反胃

（資料來源：引自 Orlandi & Prue, 1988）

表 1-6　壓力的心理訊號

◎憤怒	◎罪惡
◎焦慮	◎無助
◎冷漠	◎敵意
◎無聊	◎沒耐心
◎憂鬱	◎無法集中心力
◎疲勞	◎易怒
◎懼死	◎拒絕
◎挫折	◎慌張

（資料來源：引自 Orlandi & Prue, 1988）

表 1-7　壓力的行為訊號

◎咬唇	◎神經抽搐
◎晃腳	◎過度反應
◎磨牙	◎口吃
◎強迫性動作	◎咒罵
◎緊張抽搐的動作	◎摸髮、耳或鼻

（資料來源：引自 Orlandi & Prue, 1988）

壓力訊號法的運用方式，是將前述三表交由受試者來勾選，勾選的項目愈多代表壓力感愈大；前述勾選的訊號如已威脅到你的健康時，這時最好要去看醫生。

第四節
影響壓力反應的因素

每個人面對壓力時的反應各有不同。就同一個壓力源來講，對某甲會形成「劣質壓力」，但對某乙卻是「良質壓力」；對老趙是「輕壓力」，對小王則是「重壓力」；對某些人是「短期壓力」，對另外的人則是「持續壓力」。總而言之，壓力下各種可能的反應型態或種類，常是因人而異，也會因時間的改變而有不同。影響壓力反應的因素，主要可歸納成下述諸個因素：(1)事件的特徵；(2) A 型性格；(3)壓力源評估；(4)個人控制感；(5)社會支持。

一　事件的特徵

大部分的壓力都是由客觀的刺激（環境）事件所引起，因此事件本身的特徵就深深地影響到壓力反應的型態與程度。影響壓力反應的事件特徵，最主要的有：(1)事件的數目；(2)處理事件的時間；(3)對事件的預測力。

㈠事件的數目

人們所面對或所要處理的事件數目愈多，則壓力反應的程度會愈大或激烈。例如，同時面對孩子入伍服役、配偶外遇，和長輩身體欠安等三個事件的人之壓力反應，當然要比只面對孩子入伍服役一個事件的人來得嚴重。

㈡處理事件的時間

愈接近處理事件的時間點，或處理事件所剩的時間愈短，則壓力反應的程度隨之愈趨於激烈。例如，駕駛執照的路考考驗會給應考者帶來壓力是人所皆知的普遍現象，愈近考期愈緊張，到了考場坐進考照使用的車時，其緊張程度（即壓

力反應）常會達到最高點，此時應考者常會手腳發抖、心臟急促跳動，甚至手心與額頭皆冒冷汗。再者，如開刀這個事件也會呈現相同的壓力反應型態。一般人一知道要開刀，莫大的壓力就隨之而來，當被推進開刀房麻醉前，其壓力反應的程度會達到最高點。

㈢對事件的預測力

人們對事件的預測力，也會影響到壓力的反應。通常，愈能預測事件之發展結果的人，其壓力反應愈趨平和與輕微；反之，愈不能預測事件之發展結果的人，其壓力反應會愈趨嚴重和激烈。例如，飛機場塔台的導航人員及外科醫生是二種公認壓力較大的人員，其主要原因是，這兩種人常無法預測導航與手術這二個事件所有可能發生的後果。

二　A 型性格

美國有二位心臟科醫生（Friedman & Rosenman, 1974）發現，具有 A 型性格（Type A personality）的人得到冠狀動脈心臟病（coronary heart disease, CHD）的機會，顯著的高於非 A 型性格者。他們二人指出，A 型性格者擁有 A 型行為型態（Type A behavior pattern, TABP）；易言之，行為特徵偏向 TABP 者，是罹患 CHD 的高危險群。所謂 TABP，是指一種行動／情緒情結（action-emotion complex）。具有此種情結的人會在極短的時間內，以極強烈的企圖心持續且不間斷地去完成許許多多的工作；假如他認為該項工作有必要的話，就算是與其他事情或其他人相對抗也在所不惜（Friedman & Rosenman, 1974, p. 67）。另有一種 B 型型態（Type B pattern），則是指不具有 A 型行為型態的現象。

研究顯示，A 型行為型態與 B 型型態的人，在面對相同事件時，其反應方式會有顯著的不同。依此推之，當可知道面臨失業這一壓力事件時，衝動好勝的人（TABP）和恬淡安逸（Type B pattern）的人之反應是有相當大的差異。擁有 A 型行為型態的人之人格特質，稱為 A 型性格；擁有 B 型型態的人之人格特質，或與 A 型性格相對應的性格，稱為 B 型性格（Type B personality）。這二種性格的人，

其行為特徵分述如下：

(一) A 型性格者

1. 高度競爭性。

2. 總是急促匆忙。

3. 非常努力拚命。

4. 力求完美。

5. 企圖心強烈且要一步登天。

6. 休閒遊戲中也是一個工作狂。

(二) B 型性格者

1. 不太跟他人競爭。

2. 輕鬆自在、順其自然。

3. 悠閒隨和、不求表現。

4. 善體人意且易原諒他人。

5. 工作中充滿自信、滿足與愉悅。

6. 享受休閒生活與星期假日。

因 A 型性格者的行為特徵涵蓋範圍廣，所以就有學者再將其分成兩個子類（Williams, 1994）：

1. **消極 A 型**：急性易怒型（the impatient-irritability pattern）。

2. **積極 A 型**：成就奮鬥型（the achievement-striving pattern）。

研究顯示，A 型性格者對壓力源常做出較快速與強烈的反應，而且常將壓力源視為是對個人生活的威脅（Carver, Diamond, & Humphries, 1985）；再者，因 A 型性格者總是處於匆忙且無耐心毫不遲疑，所以他們發生意外的機會總是比 B 型性格者來得大（Suls & Sanders, 1988）。也有心理學家從生理反應的觀點，研究前述二種性格者與施作不同難度之測驗，及施作測驗時之血壓反應的關係。結果發現（Holmes, McGilley, & Houston, 1984），當受試者施作難度較高的測驗時，A 型性格者的收縮壓要比 B 型性格者來得高；這個研究結果，詳見圖 1-1。

就因 A 型性格和 B 型性格與人們的壓力反應和身心健康有著密切的關係，所

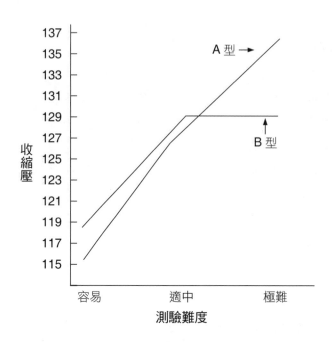

圖 1-1　不同性格和測驗難度與收縮壓的關係

（資料來源：引自 Holmes, McGilley, & Houston, 1984）

以若能了解一個人的性格類型，則對於人們的壓力調適和健康維護，當會有莫大的助益。職是之故，就有心理學家編製〈A 型與 B 型人格測驗〉，以了解人們的性格取向，俾作為輔導之參考。〈A 型與 B 型人格測驗〉的內容、指導語、計分及解釋詳見表 1-8。

表 1-8　A 型與 B 型人格測驗

下面的問題可以幫助你了解自己性格較接近 A 型或 B 型。

在每一題前的空格填上一個你覺得對你描述適當的句子的號碼：

5. 我一直是這樣；4. 我經常這樣；3. 我有時這樣；2. 我很少這樣；1. 我從不這樣。

＿＿我常嘗試在同一時間內做數樣事情。

＿＿我常打斷別人的談話，或急著接別人的句尾。

＿＿我發現我不能忍受別人做事慢吞吞沒有效率。

＿＿當別人跟我說話時，我常想到別的事情上去。

＿＿當我沒事時，我會覺得不舒服。

＿＿當別人繞圈子說話時，我會有挫折感。

＿＿我做任何事都喜歡快一點（走路、吃飯、講話）。

＿＿當事情進行得很緩慢時，我會非常沒有耐心（例如，塞車、排長隊）。

＿＿我發現放鬆或不做任何事對我來說很困難。

＿＿我通常會為自己安排時間表和限定期限。

＿＿當我玩遊戲時（牌或棋），我覺得輸贏比娛樂更重要。

＿＿當我在強調某論點時，我會變得緊張並提高我的聲量。

＿＿我喜歡我周遭的人做事盡可能地快及有效率。

＿＿當我講話時，我會強調關鍵字眼。

＿＿我是一個努力且具有競爭心的人，我注重成就及成功。

當你做完後，將 15 題的得分相加，你的總分應該介於 15-75 之間。如你的得分等於或高於 60 時，表示你的生活型態非常類似 A 型；得分低於 30，則表示你的生活型態類似 B 型；得分在 30-60 之間，表示你的生活型態混雜著 A 型及 B 型。

（資料來源：引自羅惠筠、陳秀珍編譯，1994）

三　壓力源評估

研究壓力頗有成就的美國心理學家拉惹瑞斯（Lazarus, 1975）曾指出，人們對壓力源的評估（appraisal）是壓力反應的主要因素之一。拉惹瑞斯將評估的形式分成兩種，第一種是初級評估（primary appraisal），它是指對壓力源（即事

件）的看法：

1. 這個事件與我有關或不相干？
2. 這個事件是良性與正面的？
3. 這個事件是有害與負面的？

　　簡言之，初級評估是在評估該事件是否為壓力事件？是好的抑或是不好的？假如評估結果後，發現該事件是負面的壓力事件時，就進入第二種次級評估（secondary appraisal）。所謂次級評估，是指我們對壓力事件的處理或因應能力：

1. 我能因應這個壓力事件嗎？
2. 我應如何去因應這個壓力事件？

　　當我們評估壓力事件是存在的且威脅到己身時，才會產生壓力反應；再者，評估「能」因應壓力事件，和「無法」去因應的反應方式，當然會有所不同。此外，因應策略的不同（如面對問題或逃避問題），其反應方式亦會隨之不同。壓力源評估與壓力反應的模式，如圖 1-2。

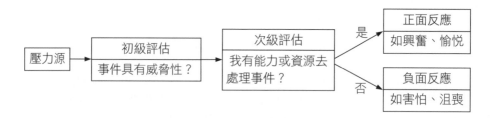

圖 1-2　壓力源評估與壓力反應模式

（資料來源：改自 Worchel & Shebilske, 1995）

28

 **四　個人控制感**

　　影響壓力反應的第四個主要因素是個人控制感。所謂個人控制感（sense of personal control），是指人們能夠做決定並能有效率地採取行動，以產生令人滿意

的結果,並避免不符合自己心願的結果之知覺(Rodin, 1986)。有許多研究都顯示(McFarlane, Norman, Streiner, & Roy, 1983; Suls & Mullen, 1981),擁有較強個人控制感的人,他們比較不會從壓力源裡經驗到緊張(strain)的感受。有助於壓力調適的個人控制感,包括四種控制(Sarafino, 2002):

(一)行為控制

所謂行為控制(behavioral control),是指採取具體行動以減少壓力源所帶來之衝擊的能力;此種行動可以降低事件(壓力源)的強度,或縮短事件的影響時間。例如,在生產(壓力源)時,母親可以運用特殊的呼吸技術,以減少生產的陣痛。

(二)認知控制

所謂認知控制(cognitive control),是指運用思考歷程和策略以緩和壓力源的衝擊之能力;這些策略包括對事件採取不同的思考,或集中心力於愉悅的或中性的思維或知覺。

(三)決定控制

所謂決定控制(decisional control)是指在行動裡從許多替選的方向或途徑中去做選擇的機會。例如,在孩子出生之前,爸爸和媽媽就有許多選擇可以去做:

1. 是否使用傳統或自然的生產方式?
2. 是否在醫院、在家,或在其他的地方生產?
3. 生產後,是否在家或在坐月子中心坐月子?

(四)資訊控制

所謂資訊控制(informational control),是指獲取有關壓力事件之知識的機會,這些知識有:壓力下會發生什麼事?為什麼會發生?最有可能發生的結果為何?資訊控制能夠透過增加對可能發生之事的預測與準備,及減少常會因無知所產生的恐懼,以協助吾人降低壓力。

與個人控制感最有關聯的概念是控制信念(locus of control),此概念是由美國的心理學家羅特(Rotter, 1966)於 1960 年代所提出。所謂控制信念,是指個人對於他們能夠控制事件,或事件能夠控制他們之程度的想法;或是指個人對於自

己成功或失敗之原因的看法。控制信念又分成兩種：

1. **內控信念**（internal locus of control）

   相信能控制或影響事件的信念；認為事件之成功或失敗的原因是由自己所造成的想法。持此種信念的人，稱為內控者（internal）。

2. **外控信念**（external locus of control）

   相信被事件所影響並且沒有力量去影響事件的信念；認為事件之成功或失敗的原因是由自己以外的因素所造成的想法。持此種信念的人，稱為外控者（external）。

   有研究發現（Chan, 1977），相信能控制情境或在情境中有影響力的人，感覺到該情境是個威脅或會引起壓力的可能性較低。因此，一位內控者因為相信他們能夠控制將發生的事，所以比較不會感受到壓力歷程的經驗；外控者因會感受到無助，因此常會感受到很大的壓力。

五　社會支持

　　所謂社會支持（social support），是指個人從愛他、關心他、他所尊敬與他認為有價值的人獲得訊息，並與他們溝通且形成一個網絡的歷程（Cobb, 1976）。當一個人相信或認為他是：(1)被愛與被關心；(2)被尊敬與有價值；(3)屬於溝通網絡中的一員，則此人就是擁有社會支持的人。研究顯示，當面對壓力情境時，擁有高度社會支持的人，會有較成功與較佳的壓力因應；而且，擁有高度社會支持的人，也比較不容易感受到壓力的存在（Taylor, 1986）。社會支持之所以會發揮前述的效應，肇因於它有三種潛在的益處（Taylor, 1986）：

1. **實質協助支持**（tangible assistance support）：如親朋好友在遇到壓力時，會提供真實的物品與具體的協助。

2. **資訊支持**（information support）：如親朋好友及親人會提出特別的行動建議，俾讓你戰勝壓力源；當個人在壓力下，他人對他的認知及因應之道所給予的回饋亦屬此種協助。

3. **情緒支持**（emotional support）：是指讓當事人感覺到他或她是一個有價值的
   人，他或她是被他人所關心的歷程。如給予他人溫暖、尊重，傾聽他人的抱
   怨、訴苦，或用同理心的態度與他人溝通等都是給他人情緒支持。

　　有研究顯示（Fleming, Baum, Gisriel, & Gatchel, 1982），社會支持可以有效地
降低壓力期間的負面反應。例如，在對 1979 年美國三哩島（Three Mile Island）
核電廠意外事件廠址附近地區百姓的研究發現：受到高社會支持的居民比低社會
支持者，感受到較少的痛苦或煩惱。另有研究發現，社會支持可以增進人們的健
康，該研究（Berkman & Syme, 1979）以人的死亡率代表健康，以和親戚朋友來
往的程度代表社會支持；結果顯示，無論是哪一年齡組，和親戚朋友來往程度愈
高的人，他們在九年內的死亡率愈低，此種現象年齡愈高的人愈明顯。這個研究
結果詳見圖 1-3。

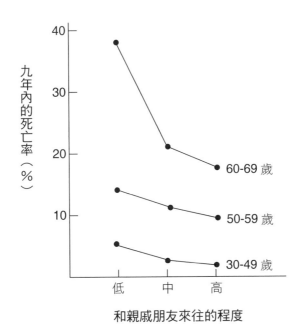

圖 1-3　社會支持與健康的關係

（資料來源：引自 Berkman & Syme, 1979）

關鍵詞彙

壓力	社會再適應評定量表
再適應	生活改變值
劣質壓力	A 型性格
良質壓力	A 型行為型態
過度壓力	B 型型態
輕度壓力	B 型性格
正面事件壓力	初級評估
負面事件壓力	次級評估
輕壓力	個人控制感
中壓力	行為控制
重壓力	認知控制
短期壓力	決定控制
持續壓力	資訊控制
生活事件法	控制信念
日常瑣事法	內控信念
自我知覺法	外控信念
壓力訊號法	

自我評量題目

1. 試從莫利斯對壓力的定義，申述升官或中樂透頭彩等正面事件也會產生壓力的原因。

2. 試述你在強大壓力下所可能產生的反應狀態。

3. 何謂劣質壓力？何謂良質壓力？並各舉實例說明之。

4. 何謂正面事件壓力？何謂負面事件壓力？並各舉實例說明之。

5. 正面事件壓力可能會造成劣質壓力，負面事件壓力也可能會產生良質壓力，試述前二種現象的原因。

6. 試述生活事件法與日常瑣事法這二種測量壓力之方法的要義及差異處。

7. 壓力訊號的種類為何？並各舉例說明之。

8. 試述影響壓力反應的主要因素。

9. 何謂 A 型性格？何謂 B 型性格？並申述這二種性格者與壓力的關係。

10. 拉惹瑞斯的初級評估和次級評估如何影響人們的壓力反應？試舉例申述之。

11. 個人控制感如何影響人們的壓力反應？試申己見。

12. 測量壓力的方法為何？試申述之。

參考文獻

三民書局新辭典編纂委員會（1989）。**新辭典**。台北：三民書局。

周文欽（1999）。壓力與健康。載於賴保禎、張利中、周文欽、張德聰、劉嘉年編著：**健康心理學**。台北：空中大學。

張春興（1989）。**張氏心理學辭典**。台北：東華書局。

葉明華（1981）。**生活壓力、自我強度與現代性對心理健康的影響**。國立台灣大學心理研究所碩士論文（未出版）。

羅惠筠、陳秀珍編譯（1994）。**現代心理學：生活適應與人生成長**。台北：美亞書版。

Atwater, E. (1994). *Psychology for living: Adjustment, growth, and behavior today* (5th ed.). Englewood Cliff, NJ: Prentice Hall.

Baum, A., Singer, J. E., & Baum, C. S. (1981). Stress and the environment. *Journal of Social Issues, 37*, 4-35.

Berkman, L. F., & Syme, S. L. (1979). Social networks, host resistance, and mortality: A nine-year follow-up study of Alameda County residents. *American Journal of Epidemiology, 109*, 186-204.

Carver, C. S., Diamond, E. L., & Humphries, C. (1985). Coronary prone behavior. In N. Schneiderman & J. T. Tapp (Eds.), *Behavioral medicine: The biopsychosocial approach*. Hillsdale, NJ: Erlbaum.

Chan, K. B. (1977). Individual differences in reactions to stress and their personality and situational determinace. *Social Science and Medicine, 11*, 89-103.

Cobb, S. (1976). Social support as a moderator of life stress. *Psychosomatic Medicine, 38*, 300-314.

Cohen, S., & Williamson, G. M. (1988). Perceived stress in a probility sample of the United States. In S. Spacapan & S. Oskamp (Eds.), *The social psychology of health*. Newbury Park, CA: Cage.

Fleming, R., Baum, A., Gisriel, M. M., & Gatchel, R. J. (1982). Mediatig influences of social support on stress at Three Mile Island. *Journal of Human Stress, 8*, 14-22.

Forbes, T. (1979). *Life stress*. New York: Doubleday and Company.

Friedman, M., & Rosenman, R. H. (1974). *A behavior and your heart*. New York: Knopf.

Holmes, D. S., McGilley, B. M., & Houston, B. K. (1984). Task-related arousal of Type A and

Type B: Levels of challenge and response specificity. *Journal of Personality and Social Psychology, 46*, 1322-1327.

Holmes, T. H., & Rahe, R. H. (1967). The social readjustment rating scale. *Journal of Psycholomatic Research, 11*, 213-217.

Insel, P. M., & Roth, W. T. (1985). *Core concepts in health* (4th ed.). Palo Alto, CA: Mayfied.

Kanner, A. D., Coyne, J. C., Schaeffer, C., & Lazarus, R. S. (1981). Comparison of two modes of stress measurement: Daily-hassles and uplifts verus major life events. *Journal of Behavioral Medicine, 4*, 1-39.

Lazarus, R. S. (1975). A cognitively oriented psychologist's look at biofeedback. *American Psychologist, 30*, 553-561.

Lazarus, R. S., & Launier, R. (1978). Stress related transactions between person and environment. In L. A. Pervin & M. Lewis (Eds.), *Perspectives in international psychology*. New York: Plenum Press.

McFarlane, A. H., Norman, G. R., Streiner, D. L., & Roy, R. G. (1983). The process of social stress: Stable, reciprocal, and mediating relationships. *Journal of Health and Social Behavior, 153*, 2093-2101.

Moos, R. H., & Swindle, R.W. Jr (1990). Stressful life circumstances: Concepts and measures. *Stress Medicine, 6*, 171-178.

Morris, C. (1990). *Contemporary psychology and effective behavior* (7th ed.). Glenview, IL: Scott, Foresman.

Ogden, J. (1996). *Health psychology: A textbook*. Buckingham, UK: Open University Press.

Orlandi, M., & Prue, D. (Eds.) (1988). *Encyclopedia of good health: Stress and mental health*. New York: Facts on File.

Rodin, J. (1986). Personal control throughout the life course. In R. P. Abeles (Ed.), *Lifespan perspectives and social psychology*. Hillsdale, NJ: Erlbaum.

Rotter, J. B. (1966). Generalised expectancies for internal versus external control of reinforcement. *Psychology Monography, 80* (1, Whole No. 609).

Sarafino, E. P. (2002). *Health psychology: Biopsychosocial interactions* (4th ed.). New York: John Wiley & Sons.

Selye, H. (1980). The stress concept today. In I. L. Kutash et al. (Eds.), *Handbook on stress and anxiety*. San Francisco: Jossey-Bass.

Suls, J., & Mullen, B. (1981). Life change and psychological distress: The role of perceived con-

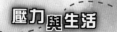

trol and desirability. *Journal of Applied Social Psychology, 11*, 379-389.

Suls, J., & Sanders, G. S. (1988). Type A behavior as a general risk factor for physical disorder. *Journal of Behavioral Medicine, 11*, 210-226.

Taylor, S. E. (1986). *Health psychology*. New York: Random House.

Williams, S. (1994). *Managing pressure for peak performance: The positive approach to stress*. London: Kogan Page.

Worchel, S., & Shebilske, W. (1995). *Psychology: Principles and applications*. Englewood Cliff, NJ: Prentice Hall.

Zimbardo, P. G. (1988). *Psychology and life adjustment* (12th ed.). Glenview. IL: Scott, Foresman.

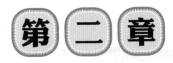

第二章

壓力源

學習目標

——研讀本章內容之後，學習者應能達成下列目標：

1. 了解壓力源的涵義及其分類。
2. 説出宏觀壓力源和微觀壓力源的差異處，並舉例説明之。
3. 了解客觀壓力源的涵義，並説出它的種類。
4. 了解主觀壓力源的涵義。
5. 了解非理性觀念的涵義，及其與壓力的關係。
6. 説出常見的極端壓力源和成人壓力源。

摘　要

　　所謂壓力源，是泛指會引起個體壓力反應的原因、刺激或事件。壓力源依其性質可分成兩類：(1)微觀壓力源，是指性質上是屬於具體事件的壓力源；(2)宏觀壓力源，是指性質上是屬於原因的壓力源。宏觀壓力源又可分成客觀壓力源與主觀壓力源。

　　客觀壓力源，是指具體存在而可觀察的壓力源，此種壓力源包括挫折、衝突、壓迫感、日常瑣事及改變。引起挫折的主要原因有延遲、缺乏資源、遺失、失敗及差別待遇；衝突可分成雙趨衝突、雙避衝突、趨避衝突和多重趨避衝突等四種；造成壓迫感的主要原因有競爭、期限、超載與人際關係；會造成壓力的日常瑣事有家庭支出、工作與職業、身心健康、時間分配、生活環境與生活保障。

　　主觀壓力源，是指由抽象、無法捉摸且無法觀察的心理因素所造成的壓力源。最常見與最易引起壓力反應的主觀壓力源為非理性觀念，非理性觀念是由美國的心理治療學家艾利斯所提出，它是指思考中含有應該、必須、一定或絕對等的想法或看法。

　　本章從極端壓力源與成人壓力源，來說明微觀壓力源的性質；極端壓力源包括失業、離婚和分居、死別、自然和人為的大災難、戰爭及威脅個人的攻擊，成人壓力源常見的有工作、健康、子女教養、經濟理財、人生晚年。

　　凡是人，不論是幼童、小孩、青少年、成人或老人都會經驗到壓力，而壓力的來源會隨著人們的成長發生改變，即不同成長階段的人會有不同的壓力來源。人們的壓力從何而來？它的來源又為何？因人們的壓力反應，大都是壓力的來源所造成；因此，吾人若能了解壓力的來源，不只可探究可能的壓力反應型態，更可協助人們進行壓力管理或壓力調適。職是之故，在研析壓力與生活之關係時，就有必要來深入探討壓力的來源。壓力的來源，心理學上的術語稱為壓力源，本章旨趣即在闡釋壓力源的主要概念與種類。本章首先詳述壓力源的涵義，接著再分別論述客觀壓力源、主觀壓力源，與微觀壓力源等三個主題，並盡可能輔以日常生活中的實例解說，以助吾人更了解壓力源的意涵。

第一節
壓力源的涵義

　　所謂壓力源（stressor），是泛指會引起個體壓力反應的原因、刺激或事件。例如，購屋置產這個人生大事，若會帶給你不愉快、痛苦、憤慨或絕望等諸多心理感受，並讓你「日也拚，暝也拚」且縮衣節食，那麼此時「購屋置產」這個事件對你來說就是壓力源。再進一步分析，購屋置產會令你不愉快，可能是「看上的買不起，買得起的看不上，又非買不可」的「衝突」心態所造成；會痛苦的原因，則可能是「買了新居後，爸媽（公婆）要搬來同住，實在擔心一向不睦的親子（婆媳）關係會火上加油，或生活起居作息因之亂了步調，從此日常生活永無寧日」的「改變」所致；會憤慨，則可能來自於「像我一輩子牛馬般地拚老命工作，勤儉、刻苦又忠厚老實、奉公守法，卻買不起一棟僅足以遮風避雨的安身之屋，上天實在沒有好生之德，老天也的確在跟我過不去」的「挫折」心態所為之。

　　再如，「國中基本學力測驗」讓就讀國中三年級的小華，鎮日產生緊張、失眠和做惡夢的強大壓力反應，其原因是「爸媽都是國立大學的教授，萬一我上不

了建中，豈不罪大惡極，敗壞門風，有辱爸媽聲譽」的「想法」這個壓力源。類如前述的「購屋置產」、「國中基本學力測驗」等事件會對人造成壓力，「衝突」、「改變」、「挫折」和「想法」等原因，也會產生明顯的壓力反應，所以它們都是壓力源。

綜合上述，我們可以將壓力源依其性質分為下述二類（周文欽，2001）：

1. **微觀壓力源**（micro stressor）

    它是指性質上是屬於具體事件的壓力源。此種具體事件可以是普遍性的綜合事件，如前述的「購屋置產」；也可以是特殊性的單一事件，如前述的「國中基本學力測驗」或號稱 2003 年大瘟疫的 SARS（Severe Acute Respiratory Syndrome）都屬之。

2. **宏觀壓力源**（macro stressor）

    它是指性質上是屬於原因的壓力源。這個「原因」是使具體事件產生壓力反應的內在動力或歷程，例如，前文所提及的「衝突」、「改變」、「挫折」和「想法」等均屬之。

    宏觀壓力源有可能是具體存在而可觀察的，此種壓力源，稱之為客觀壓力源（objective stressor），常見的有挫折、衝突、壓迫感、日常瑣事及改變；宏觀壓力源也有可能是抽象、無法捉摸、難以觀察的，此種壓力源，稱之為主觀壓力源（subjective stressor），主要是指個人的想法或看法。客觀壓力源常是外在的環境因素所造成，主觀壓力源則常是內在的個人因素所造成（周文欽，1999）。

 第二節

客觀壓力源

客觀壓力源是宏觀壓力源的一種，它是指具體存在而可觀察的壓力源。本節所要介紹的客觀壓力源包括挫折、衝突、壓迫感、日常瑣事及改變。

挫折

　　在現今這個時代裡，不論是士、農、工、商，或是尋常百姓、達官貴人，甚或是曾經滄海難為水者，或多或少都會遇到挫折。女朋友發生兵變，男朋友揮一揮衣袖不帶走一片雲彩，是戀愛挫折；配偶包二奶或紅杏出牆，是婚姻挫折；買股票碰上股市大崩盤，或以最高價訂購預售屋後房市一路低迷，是投資理財挫折；找工作屢屢鎩羽而歸，或工作一直不順遂，或一年換二十四個頭家，是求職挫折或工作挫折；家道中落被迫輟學工作以養家餬口，或各種升學考試總是名落孫山，是求學挫折。

　　從心理學的觀點來看，挫折（frustration）是心理挫折（psychological frustration）的簡稱，因本書是從心理學的層面來探討壓力，所以本節只涉及心理挫折，而不探討諸如外交挫折、軍事挫折或選舉挫折等其他性質的挫折。挫折有下述兩種涵義（張春興，1991，第 555 頁）：

1. 是指對個體動機性行為（有目的的活動）造成阻礙或干擾的外在刺激情境，如人、事、物或自然環境。

2. 是指個體的動機性行為受到阻礙或干擾下，所產生的煩惱、困惑、焦慮，和憤怒等各種負面情緒交織而成的心理感受。

　　上述挫折的二種涵義，互有關聯，且常是一體兩面。比方說，離婚使正常的家庭生活與美滿婚姻為之破滅或造成阻礙，離婚亦會令人產生憤怒、悲傷或絕望等情緒；再如，地震會阻礙人們的成家立業或毀人身家財產性命於一旦，地震亦常會令人長期處於緊張、恐懼與不安之中。依美國心理學家莫利斯（Morris, 1990）的見解，引起挫折的主要原因有延遲、缺乏資源、遺失、失敗，及差別待遇等五種。

(一)延遲

　　所謂延遲（delay），是指個體無法在特定或期待的時間內，滿足需求或完成某種行為或活動的狀態。如，爸爸答應小強在他考完「國中基本學力測驗」那天

41

晚上帶他去看電影、逛百貨公司、買最新上市的電玩，然而考完試那天，爸爸為了趕公司的年度結算，一直加班到凌晨三點才踏進家門。此時，小強因需求被延遲了，以致失望之情的挫折感油然而生。又如，王先生允諾王太太只要孩子一出生，就搬離與公婆同處的大家庭，自組愛的小窩，可是如今小孩都已經上幼稚園大班了，搬出去住這檔子事卻仍只聞樓梯響未見人下來。試想，這位王太太會不埋怨、不生氣嗎？假如婆媳關係與姑嫂相處都勢同水火的話，那些延遲所帶來的埋怨和生氣將會更趨激烈。再如，子女過了婚齡，還「男不婚，女不嫁」之父母的徬徨焦慮；或無法即時取得博士學位，以致失去了至國立大學任教的機會，也都是因延遲而產生挫折的顯例。

(二)缺乏資源

所謂缺乏資源（lack of resources），是指欠缺或沒有足以讓個人達成目的或滿足願望的有形物質。例如，因存款不夠無法購屋置產，或因收入不豐，致無法開雙 B 房車或出國觀光旅行，或因子女眾多又家無恆產，致令長子無法繼續升學，都是因缺乏資源而產生挫折；甚至，因缺錢無法滿足自己的穿著品味，或讓孩子去學各種才藝，也會讓我們突生莫名的挫折（感）。

(三)遺失

所謂遺失（loses），是指個人所擁有之東西物品、人際關係，或親近之人的消失。如友情、戀情與愛情的消失，重要他人（significant others）（如父母、子女、手足、同袍、師長、情人和配偶等）的離去或死亡，或信用卡被竊，或彩色鑲鑽手機遍尋不著，或丟掉甚具意義的紀念品等種種遺失都會讓人們感到挫折。

(四)失敗

所謂失敗（failure），是指個人無法達成期望中可能達成的目標（如很有信心與把握可考及格的科目，卻只得到43分），或在團體中之地位遠遠落居他人之後（如參與比賽未得名次，或排名遠不如人），或凡事未臻自己理想的心理狀態。在目前各種競爭都格外激烈的社會裡，失敗常常是挫折的主要來源之一。突然與意外的失敗，固然會令人產生罪惡感、憤怒與絕望；對於可能做到也可以做到的事情，只因一時的疏忽或偶發狀況而失敗時，吾人內心深處也會充塞著悔恨、無

奈與痛苦。

㈤差別待遇

所謂差別待遇（dircrimination），是指必要或基本條件之外，只因個人本身具有（如膚色、父親不識字或身體殘缺等）或沒有（如家世背景、高等學位、結婚等）某些條件的因素，而遭受到不同或不公平的對待或處置。有時候，人們的挫折常是來自於他人對自己的差別待遇所導致。差別待遇，特別容易出現在各式各樣有名額限制而甄選或有所抉擇的情境中。例如，因已（未）婚無法應徵某些職位，因外貌不如人致在口試中被刷掉，因長輩的政黨屬性而使職位不易升遷，因有色盲不得報考某些特殊的考試，或因缺乏雄厚的人事背景或有力人士的推薦致使升遷無望等。

一言以蔽之，因個人性別、年齡、宗教、膚色、族群、黨派、家世背景、身心特徵或意識型態的關係，而致失去公平競爭的機會或被拒絕承認與接納，常會使人產生極大的挫折。簡言之，差別待遇就是一般常言的歧視，如性別歧視、種族歧視等。

 **二　衝突**

在大部分人的壓力反應裡，衝突可能是最為普遍的一種壓力源。衝突（conflict）在心理學裡是心理衝突（mental conflict）的簡稱，它的涵義有下述二種（張春興，1989，第 145 頁）：

1. 衝突是指同時出現二個或數個彼此互不相容的衝動、需求或目標時，個體無法使之均獲滿足，但又不願將其部分捨棄的心理失衡狀態。

2. 衝突是指個體無法同時滿足多個並存之衝動、需求或目標時，所形成之進退維谷與顧此失彼的兩難困境。

衝突之所以會產生壓力反應，是因同時面臨二個或二個以上不相容之衝動、需求或目標時，我們無法完全獲得滿足或加以解決，而必須放棄、延遲、改變或接受其中的一部分，然而不論我們怎麼做都會令人深覺有所缺憾。1930 年代，著

名的場地論（field theory）心理學者勒溫（Lewin, 1935）利用「趨」（approach）與「避」（avoidance）二個相對的概念來描述衝突。當事件或刺激吸引我們時，我們會趨之若鶩；當事件或刺激威脅我們時，我們則會避之唯恐不及。依趨和避不同的組合形式，可將衝突分成雙趨衝突、雙避衝突、趨避衝突與多重趨避衝突等四種形式。

㈠雙趨衝突

所謂雙趨衝突（approach-approach conflict），是指同時面對二個都喜歡且均不願捨棄其中之一的刺激或目標時，必須從中擇一的衝突。例如，某對新婚夫妻很想早早生小孩，也想出國進修拿博士學位，然而有了小孩就很難攜手放洋留學；想出國進修就不能立即有小孩，若進修回來再生小孩，又擔心高齡產婦可能帶來的高風險，此時為了做決定，這對新婚夫妻苦不堪言。在選舉時選民常會遇到難以抉擇的情境，一方面認同某候選人有關外交政策的政見，另一方面又對其對手的帥勁兒心儀不已，那該將票投給誰。周太太同時看上專櫃裡的兩件高檔禮服，但手上的錢只夠買一件，這時她當然若有所失且失望之情湧上心頭。再如，某沈姓小姐皆心儀且喜歡的二位男友同時都跟她求婚，一位是上市半導體公司的老闆，一位是在國立大學任教的留洋博士，此時沈小姐真不知如何是好，這也是雙趨衝突的常例。

㈡雙避衝突

所謂雙避衝突（avoidance-avoidance conflict），是指同時面對二個皆厭惡且均欲捨棄的刺激或目標時，僅能從中擇一捨棄的衝突。此種形式的衝突最難以解決，因此遇到此種衝突時，人們通常都會採取拖字訣以延遲做決定。他們常期望，一旦拖得夠久，就能避開皆不喜歡的事件或刺激，或出現好的狀況以幫助做決定。例如，萱萱既不喜歡彈鋼琴，也厭惡拉小提琴，可是爸媽卻一定要她學會其中一種樂器，萱萱為此整天愁眉不展不知如何是好；某寡母為籌措獨生子的留洋學費，必須在典當珍藏多年的陪嫁品，與向地下錢莊借高利貸中擇一行之，顯而易見這二者都非其所願；就讀高三的阿德對補習深惡痛絕，視上補習班如上刀山下油鍋，然其老爸一定要他從數學或英文二科（正好是他最不喜歡的科目）中，挑一科去

補習，父命難違，阿德鎮日痛苦難耐；車禍送醫，大夫說必須切除兩腳中的一隻腳，否則性命難保。再如，老公要老婆在簽離婚同意書與讓其將二奶帶進家門做一抉擇，此種情況對老婆來講也是一種雙避衝突。

(三)趨避衝突

趨避衝突不似其他三種形式的衝突，都同時面對二個或二個以上的目標或刺激，它只面對一個目標或一個事件。所謂趨避衝突（approach-avoidance conflict），是指面對一個同時含有喜歡與不喜歡，或正面與負面之特質的目標或事件時，所呈現出的為難心態。例如，對財政部決策官員來講，徵收軍教人員所得稅就是一個趨避衝突；因徵收該稅可使稅賦更加公平、合理與正義（＋），然徵收該稅勢必會引起軍教人員及其家屬的強烈反彈（－）。又如，選修課程，本想選修某門甚感興趣的課程（＋），然這門課程的作業非常難做，考試也不容易過關（－）；這時，選修這門課的心態，對你而言就是一種趨避衝突。再如離婚，離婚後常會讓當事人立即感到海闊天空，不再為孽緣所牽絆（＋），惟離婚後可能就須與子女分開，並面對親朋好友的異樣眼光（－），此時欲離婚的人就會在趨避衝突中掙扎與猶豫。另外，自殺也是一個非常極端的趨避衝突例子。因自殺或許可立即解決當事人的一切困難、恩怨和問題（＋），然自殺後不只會令生者痛苦、遺憾，也可能會引發更多的後續問題（－）。思及此，就會讓吾人浩嘆，自殺者與欲自殺者其實是承受著難以言宣的壓力。

(四)多重趨避衝突

所謂多重趨避衝突（multiple approach-avoidance conflict），是指同時面對二個或二個以上趨避衝突的衝突。例如，同時面對找工作與買房子這二種人生大事，就很可能令人陷入多重趨避衝突。就找工作而言，該工作的待遇（月薪二十萬，年終獎金二十個月，且另加紅利配股）與福利（子女教育費用全額輔助，每年公費出國旅行十天，搭機可坐頭等艙）非常好（＋），但必須一律住公司宿舍，一個月只能外宿三天，且每天（包含星期例假日）工作至少十六小時（－）；就買房子來講，十分欣賞該房子的視野、景致與滴水不漏的全天保全措施（＋），然房價高得嚇人，是當事人無法負擔的（－）。

再如，同時有二個工作等著你，一個是待遇福利好（＋）、離家遠（－），另一個則是待遇福利差（－）、離家近（＋）；在買房子方面也同時看上兩棟，環境好的（＋）買不起（－），買得起的（＋）環境差（－）。顯而易見的，趨避衝突愈多重，其衝突的情境就愈難處理，其壓力就愈大。

綜合前述，可知雙趨衝突同時面對二個正面事件，雙避衝突同時面對二個負面事件；趨避衝突只面對一個事件，惟該事件同時涵蓋正、負兩種感受。多重趨避衝突則同時面對二個或二個以上的事件，每個事件也都涵蓋正、負兩種感受。衝突的各種形式，詳見圖 2-1。圖中「A」與「B」分別代表不同的獨立事件；「＋」代表正面與積極的感受，「－」代表負面與消極的感受。

就我們日常的經驗，任何一種形式的衝突都難以毫無遺憾地去解決。絕大部分衝突的特徵是愈接近目標，「趨」與「避」的力量會變得愈強（Worchel & Shebilske, 1995），此種現象如圖 2-2 所示。

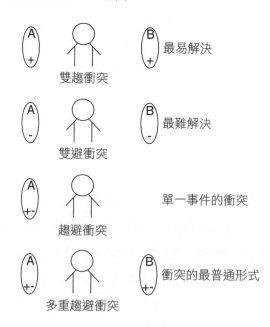

圖 2-1　衝突的形式

（資料來源：改自 Worchel & Shebilske, 1995）

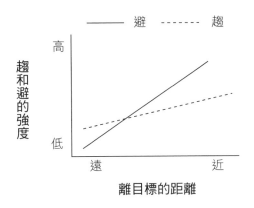

圖 2-2 趨和避與目標的關係

（資料來源：引自 Worchel & Shebilske, 1995）

　　圖2-2顯示，「避」趨勢之強度增加的速度大於「趨」趨勢之強度；易言之，當你愈接近做決定（目標）時，你愈會被選擇所產生的負面感受所困擾。再者，離目標愈遠（即愈不須做決定）時，「趨」的心態大於「避」的心態；離目標愈近（即愈須做決定）時，則「避」的心態大於「趨」的心態。

 ## 三　壓迫感

　　所謂壓迫感（pressure），是指任何強迫個體加快、加強或改變行為之事，所引起的不愉快感覺。造成壓迫感致產生壓力反應的主要原因有競爭、期限、超載與人際關係（羅惠筠、陳秀珍編譯，1994）。

(一)競爭

　　在現今的社會裡，人們大都無時無刻不為競爭而活著，惱人、煩人與擾人的壓力就因之而生。中、小學生為成績高低、功課好壞、零用錢多寡、高矮胖瘦、美醜凹凸、穿著品牌、手機款式、出國次數，甚或是誰的爸媽比較「大」而競爭；成人們也會比小孩的成績、科系或學校，甚至也比誰家的媳婦或女婿有出息，至於比自己的收入、官階、車子、房子、學歷或配偶的成就、職業就更不在話下。

在大部分人都在「比上不足」的競爭下，令人不悅的壓力也就堂而皇之地迎面襲來。

㈡期限

所謂期限，是指完成某項工作或達成預設目標的時間。愈是接近完成工作或達成目標的時間，壓力就愈大（可參考圖2-2）；需要完成或達成的時間愈長，壓力也會愈大。像期限所產生的壓迫感舉目皆是，例如，繳所得稅的時間，跑銀行三點半的時間，找不到停車位而擔心上班或約會遲到，子女或配偶過了時間而未歸，甚或子女的遲婚對父母而言也會造成莫大的壓迫感。

㈢超載

所謂超載，是指面對超過個人工作能力、工作負荷量，或比預期難度更高之事件時，所產生的負面感受。例如，某命運異常坎坷的婦女，須養育五名幼子，侍奉年老多病的公婆，尚背負著離家出走丈夫所欠下的千萬元賭債，在這種情況下，超載的工作量讓她壓力大得幾乎喘不過氣來。

㈣人際關係

人不能遺世獨立，也無法交盡世間人，因此人際關係所帶來的挫折或衝突也就無可避免。倘若不幸得了「社交恐懼症」，或是極端內向或不得人緣的人，那麼其人際關係所造成的壓迫感，就更令人難以承受。

四　日常瑣事

何慕斯與雷伊所編製的〈社會再適應評定量表〉，強調較引人注意及一次性（one-time）的生活事件。然而，另外也有心理學家（Lazarus & DeLongis, 1983）指出，有許多的壓力是來自於長期的或不斷重複的生活情境，並將其稱為「瑣事」（hassles），其意義為小困惱、煩躁及不順心。第一章所曾提及由凱納等人所編製的〈瑣事量表〉（參見表1-3），就是依此原理設計而成。會造成壓力的日常瑣事，主要有下述六種（張春興，1991）：

1. 家庭支出。

2. 工作與職業。

3. 身心健康。

4. 時間分配。

5. 生活環境。

6. 生活保障。

　　日常瑣事與生活事件的分類可說是相當的類似，最大的不同處是：日常瑣事較偏向於長期性、經常性的小事情，生活事件則較偏向於短期性、突發性的大事情；只要讀者仔細查看表 1-1 和表 1-3 的題目，就可明確地掌握這二者的差異所在。

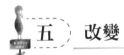

五 改變

　　我們所經驗到的壓力事件，常是肇始於改變。所謂改變（change），是指生活事件、自然環境與時代的變化，或相異於往昔的現象。絕大部分的人都安於、習慣於或喜歡在生活中維持著次序（order）、持續（continuity），及可預測性（predictability）；職是之故，任何事件（不論是好或壞，消極或積極）一發生改變，就會讓人經驗到壓力。這是因為事件改變，個人就要多花費些心力與物力去調適它所帶來的衝擊。準此言之，吾人就可從我們所需要的改變量，來了解各種情境的壓力。事實上，有些問卷就以計算個人在一特定時間內，所經驗到的生活改變（life changes）來測量壓力的大小；例如，第一章介紹過的〈社會再適應評定量表〉（SRRS，請見表 1-1）就是依此原理編訂。會產生壓力的改變，約略可以分成下列九種，其中第一到第六種改變，就是 SRRS 測量壓力的要項。

1. **與重要他人之關係的改變**：如離婚、分居、子女嫁娶、子女離家，與好友絕交或失戀等。

2. **工作職業生涯的改變**：如就業、失業、轉業、升等、調職或降職等。

3. **身心健康的改變**：如自己或重要他人生病、懷孕生產、進入更年期或住院治療等。

4. **生活環境的改變**：如遷居、移民、父母搬來同住或搬入子女家等。

5. **財務經濟的改變**：如借貸、遺失巨款、破產、得到巨額獎金或股市崩盤等。

6. **生活習慣的改變**：如睡眠、飲食、休閒、交通或穿著等習慣作息的改變。

7. **自然環境的改變**：如火災、地震、颱風、臭氧層破洞或火山爆發等。

8. **快速的時代變遷**：如代溝、資訊時代的來臨、流行時尚的飛快更易或民主政治的衝擊等。

9. **社會政治制度的改變**：如政權的更迭、紛擾不安的政局、失業率大幅提升、急遽的治安惡化等。

第三節
主觀壓力源

　　前一節所述及的五種壓力源（挫折、衝突、壓迫感、日常瑣事與改變），都是由具體存在且可觀察的事件或外在的環境因素所造成，此種壓力源可稱之為客觀壓力源。例如，因沒錢讓子女繳學費，致令失學，使得父母突生重大「挫折」；因須每天開計程車十二小時、做電子加工五小時，還要照顧智障的女兒，使得陳先生工作量「超載」，其「壓迫感」所形成的壓力，實非常人所能體會。類如前述之學費、失學、開計程車、做電子加工、照顧女兒等，都是存在且可觀察的事件或環境因素，所以我們才說挫折和壓迫感都是客觀壓力源。

　　然而，也有一種壓力源，是由抽象、無法捉摸且無法觀察的心理因素所造成，這種壓力源可稱之為主觀壓力源。事實上具體言之，所謂的主觀壓力源，就是人們日常生活中的想法或看法，而最常見與最易引起壓力反應的主觀壓力源為非理性觀念。

　　非理性觀念（irrational belief）的概念，是由首創理性情緒治療法（rational-emotive therapy, RET；心理治療法的一種，簡稱為理情療法）的美國心理治療學家艾利斯（Albert Ellis）所提出。艾利斯將會引起人們生理、情緒、行為困擾與

心理異常（psychological disorder）（即壓力反應）的主要原因，都歸之於非理性觀念。艾利斯的理性情緒治療法的原理與技術主要植基於 A-B-C 人格理論，此理論又是源自於艾利斯獨特的人性觀。所以在論述非理性觀念之前，須先說明艾利斯的人性觀與 A-B-C 人格理論。

一　艾利斯的人性觀

　　本節所稱的人性觀，是指艾利斯對於人們的行為（外顯的活動，如上網、打高爾夫球、看電影、拆解電腦等）和心理歷程（行為背後內隱的心理動力，如興趣、態度、人格、智力、性向等）之起源或結果的一套系統性見解，此套見解可歸納成下述五點：

1. 人有理性思考的潛能，也有非理性思考的傾向。
2. 人們的各種困擾源之於自己本身的思考，而非來自於外在的世界。
3. 人們運用理性思考時，會產生積極、正向的情緒與行為；人們運用非理性思考時，則會帶來消極、負向的情緒與行為。
4. 人們單憑思考與想像即可形成觀念；理性的思考形成理性觀念（rational belief），非理性的思考則形成「非理性觀念」，非理性觀念是人們困擾自己的主因。
5. 人們具有改變認知（即觀念）、情緒和行為的天賦能力。因此，人們能夠選擇有異於日常生活型態的思考方式，能夠拒絕讓自己變得沮喪，也能夠去訓練他們自己，終而能使困擾的情緒或行為降至最低。

　　綜合前述五點，可發現艾利斯對人性是採取中性（既是善的，因人有理性思考的能力；也是惡的，因有非理性思考的能力）且樂觀（因人有改變認知、情緒和行為的能力）的觀點。

三 A-B-C 人格理論

　　A-B-C 人格理論是艾利斯有關心理治療理論的精華所在，它不僅論述了人類情緒及行為的困擾原因，也闡釋了消弭情緒及行為困擾的心理治療之道。艾利斯就以圖 2-3 說明 A-B-C 人格理論的要義。

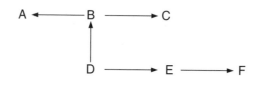

圖 2-3　A-B-C 人格理論

（資料來源：引自 Corey, 1991）

　　圖 2-3 之 A 代表發生的事件（Activating event），B 代表人們對該事件所抱持的觀念（Belief），C 代表觀念所引起的情緒及行為後果（emotional and behavioral Consequence），D 代表對觀念的駁斥干預（Disputing intervention），E 代表治療效果（Effect），F 代表治療後的新感覺（new Feeling）（Corey, 1991）。

　　一般人總認為，因某事件的發生，才導致人們某種情緒反應或行為後果。然艾利斯卻指出，假如事件是情緒及行為後果的原因，那麼相同的事件就應產生相同的情緒與行為，惟實際情況並非如此。艾利斯經多年的臨床心理治療經驗發現，事件（A）本身並非情緒反應或行為後果（C）的原因，人們對該事件的觀念（B）（即想法、看法，或解釋），才是造成情緒反應或行為後果的真正原因之所在。換言之，是 B 產生 C，而非 A 造成 C；也就是說，任何的事情（件）並不會造成人們的不高興或動手打人（摔東西），而是人們對該事情的想法或看法，才是造成我們不高興或動手打人的原因。

　　有一則故事最能顯示 A-B-C 人格理論的內涵。該故事說，有甲、乙兩位鞋廠老闆從非洲某人民都打赤腳的國家考察歸來（A），從此甲整日悶悶不樂，心情

52

低落，無心工作（C_1），乙則眉開眼笑，心情愉悅，賣力工作（C_2）。為何相同的考察行程（A），會導致不一樣的情緒反應及行為後果（C_1 或 C_2）呢？一言以蔽之，只因甲認為，既然大家都不穿鞋，那我的鞋賣給誰呢？我的鞋廠還有什麼希望（B_1）呢？乙則認為，既然大家都買不到鞋子穿，那我的鞋廠不是將大有可為（B_2）嗎？綜合上述即可得知，人們對事情（件）的不同想法（B_1 或 B_2），將會產生不同的情緒反應（悶悶不樂或眉開眼笑）及行為反應（無心工作或賣力工作）（C_1 或 C_2）。

　　準此言之，人之所以會有痛苦、不滿、哀怨、憤怒或仇恨等情緒困擾，或動不動就想罵人、自殺、自殘或殺人等行為反應，乃可歸結為：人們對外界的各種事件存有太多的非理性觀念。中國人常說：「天下本無事，庸人自擾之」，真是 A-B-C 人格理論的最佳寫照。根據圖 2-3 所顯示的內容，人們若欲使負面的情緒導向積極面（F），只有藉助觀念的改變（D），即以理性觀念取代非理性觀念，才能克盡全功。依艾利斯的理論引申之，我們可發現，會引起壓力的壓力源並不是客觀存在的事件，而是主觀的想法或看法（即非理性觀念）；因此，欲進行壓力管理，則可從去除非理性觀念（改變想法或看法）來著手。具體言之，從理情療法的觀點，欲消除或降低人們之情緒及行為困擾（即壓力）之心理治療步驟，可歸納成下述八點（周文欽，2000）：

1. 說明情緒及行為困擾不是某個事件所引發的。
2. 說出情緒及行為困擾的根本原因，是人對某事件的非理性觀念及思考造成的。
3. 讓當事人了解他自己的想法及對事件的看法是非理性的，就因他有非理性的觀念，才導致目前的心理困擾。
4. 指出非理性觀念的錯誤所在。
5. 說明理性觀念及理性思考的真義。
6. 去除非理性觀念。
7. 建立理性觀念。
8. 運用理性觀念作為思考方式的依據。

　　再者，若人們都能具備理情療法所要培養當事人的各項特質，則壓力將較不

易近身，這些特質有下述諸點（Corey, 1991; Dryden & Ellis, 1988）：

1. 自我興趣（self-interest）。

2. 社會興趣（social interest）。

3. 自我引導（self-direction）。

4. 容忍（tolerance）。

5. 彈性（flexibility）。

6. 接納不確定性（acceptance of uncertainty）。

7. 科學化思考（scientific thinking）。

8. 自我接納（self-acceptance）。

9. 冒險（risk taking）。

10. 非理性主義者（nonutopianism）。

11. 自我負責（self-responsibility）。

 三 **非理性觀念**

　　所謂非理性觀念，是指思考中含有「應該」（should）、「必須」（ought to）、「一定」（must）或「絕對」等的想法或看法。綜合艾利斯早期的相關著作與論述，他共提出十一項非理性的、迷信的及無意義的觀念，這些觀念都會使人產生困擾及痛苦的情緒與行為後果。這十一項非理性觀念條列如後（紀文祥，1983；柯永河，1978；張幸雄，1978）。

1. 每個人都必須獲得自己環境中每個重要他人（significant others）的喜愛與讚賞。

2. 一個人必須有完美的能力與豐碩、良好的成就時，才有價值。

3. 有些人是卑劣的、罪惡的、敗壞的，所以他們必須受到嚴厲的斥責和懲罰。

4. 假如事情是不如意的或不符自己的期望，那必將是一場可怕的災難。

5. 不幸總是肇因於外在環境的因素，個人無法去克服，而且人很少有能力去控制隨之而來的憂傷或煩悶。

6. 對於可能會發生的危險及可怕的事情，應該給予嚴重的關切並顧慮它可能會發生。

7. 逃避困難與責任，總比面對它們要來得容易。

8. 人應該依賴他人，且必須找一個更強的人去依賴。

9. 過去的經驗和事件，是現在行為的決定因素，過去的影響是無法消除的。

10. 人都應該為別人的難題與困擾而緊張或煩惱。

11. 人所遇到的問題都應該有一個正確、妥當與完善的解答；如人無法找到一個完美的解答，那將是一件糟糕透頂的事。

　　無可諱言，婚姻常是現代成人的重大壓力，這主要是因人們常存有類似下述的非理性婚姻觀念：

㈠婚姻之幸福與否只須繫於夫妻雙方的感情

　　完美的婚姻誠然要以良好的夫妻感情為基礎，但也應該認知到，婚姻是兩個家族的結合。缺乏雙方家族成員支持或認可的婚姻，其夫妻關係亦會因之而受到衝擊。因此，夫妻關係就必須兼顧到與雙方家族之間的人際關係，此種人際關係與婚姻幸福緊密地結合在一起。

　　「家庭是我們兩個人的，為什麼你父母老是要來打擾我們，你今天給我講清楚、說明白，你到底是要做乖兒子，還是要做好丈夫？」不要忘了，他是妳的先生，也是他父母的兒子！

　　「每次我家的聚會，我的姊夫、妹夫全都到齊、一個不少，就是你不去；你再不回我娘家，以後休想我會再踏進你家門一步！」當你家我家、我家你家分清之時，你們自己的家可就告急了。

　　這些小爭執多了，不只會波及夫妻關係的和諧，婚姻也可能會亮起紅燈！職是，從婚姻開始的第一天，夫妻雙方就應有接納雙方家庭與家族的認知，並與其維持良好的關係，才能常保小兩口之間的幸福美滿。

㈡愛一定可以改變一切

　　依據人格心理學的理論，人的人格特質有其持久性與統整性，欲改變人格特質是相當不容易的，而人格特質又深深影響到人們的外顯行為；因此，夫妻之間

想利用愛來改變配偶的觀念或行為，是不智的，也是遙不可及的。

再者，愛的真義是尊重與關心。尊重就是對配偶能夠毫無保留地接納，此種接納不帶有絲毫的條件。比方說，不要認為丈夫愛妳，就要他戒掉十年的菸癮，否則咱倆一刀兩斷；也不要以為愛你，就要太太處處順你的心合你的意。像此種含有期待或條件的接納，絕非愛的真諦，而且對方也難以做到。關心是指一個人對配偶能設身處地盡量為他著想，而又不流於干涉或占有。例如，可關心地對先生說：「菸抽多了，對身體健康不太好喔！」而不要干涉地表示：「滿身菸臭味，還不把它戒掉。」真正的關心是要從對方的需要、興趣、快樂和成長出發。

㈢夫妻應該毫無保留地向對方坦白一切

在現今強調「隱私權」的時代裡，每個人或多或少都會要他人尊重其隱私權，親密如夫妻者亦不例外。因此夫妻關係中自應允許配偶存有適度的秘密，亦即夫妻中的一方應該接納對方某些「不足為外人道」的心中事，所以當你（妳）發現配偶沒有坦白一切，或意有未盡，或尚有些話兒埋藏內心深處時，不必大呼小叫，亦不必因此認為他（她）不貞、不誠或不忠。當然，這些不願「坦白」的一切，必須是不存惡意且不具傷害性的。

退一步說，不坦白一切反而有助於夫妻關係的和諧，亦能常保婚姻平安。須知，人是善變的動物，今天說不介意，未必能保證永永遠遠都不介意，濃情密意時說：「你說，你說嘛！人家想知道嘛！我絕不介意的。」一旦反目成仇時，這些不介意的往事或坦白，對夫妻關係就會造成雪上加霜與落井下石的效應，婚姻道上的夫妻不可不察。

夫妻之間最忌坦白的事，以婚前男女雙方各自的異性交往、婚後的逢場作戲及對雙方父母孝敬錢的數目為最。此外，夫妻還要從經驗中思索對方的「坦白禁忌」，俾免「犯忌」而波及夫妻關係。

再者，孩子的功課之所以常會成為父母的壓力源，其主要原因常是父母們心中存有如下述的非理性觀念：

1. 我們花那麼多的心力，你就「應該」要用功讀書。
2. 堂堂大學教授的孩子，功課「一定」不能比人差。

3. 我供應這麼好的讀書環境，你就「必須」有好的成績來回報。

綜上所述可知，只要我們以「理性觀念」（即不含有應該、必須或一定的想法或看法）來看待事件，那麼就比較不易感受到壓力。職是之故，儘管「客觀壓力源」（事件）是無可避免的，但是如不讓其轉變成「主觀壓力源」（非理性觀念），則壓力將難以近身矣。

第四節
微觀壓力源

所謂微觀壓力源，是指性質上是屬於具體事件的壓力源。屬於具體事件的微觀壓力源，可以是普遍性的綜合事件，也可以是特殊性的單一事件。因單一事件的壓力源常會因人而異，而且數量龐大很難一言道盡，所以本節所介紹的微觀壓力源，是以綜合事件為主，不另特別說明單一事件的微觀壓力源。綜合事件的壓力源，其產生的效應或影響的層面和時間都非常廣泛、激烈與深遠，心理學上特稱此種壓力源為極端壓力源（extreme stressor）（Morris, 1990）。再者，因成人是大部分的人都會經歷到的，而且成人階段也常是人生中最長的發展階段，所以我們也有必要了解成人的客觀壓力源（簡稱成人壓力源）。準此，本節將從極端壓力源和成人壓力源，來說明常見微觀壓力源的性質。

一 極端壓力源

(一)失業

有研究顯示，當失業率升高時，第一次到精神科就診、死亡數、心臟病死亡人數，與酒精相關的疾病與自殺也會跟著升高（Brenner, 1973, 1979）。在一篇對飛機機師和空服員所做的研究顯示，當這些人失業時，會深受高血壓、酒精中毒、過度吸菸和焦慮所苦（Rayman & Bluestone, 1982）。

㈡離婚和分居

美國的研究顯示，親密關係（特別是婚姻關係）的惡化或結束是潛在的壓力源之一，而且是人們尋求心理治療最普遍的原因之一。在婚姻中一旦分手，雙方當事人都會認為在人生旅程上是一大挫敗。假使有下一代（孩子，特別是未成年），父母極力介入，有重大的財務須處理，或有一方強力要挽回時，則當事人的壓力會愈大。

㈢死別

當一位至愛的人往生後，人們通常會經驗到強烈的悲傷與失落感。大部分的人雖然不會從此經驗中感受到永久的傷害，但要一直到度完悲傷期，才能免於受傷。死別後的哀傷，一開始會感覺麻木，接著數個月可能會出現憤怒、思念、憂鬱、冷漠及深度哀傷等情緒。

㈣自然和人為的大災難

自然和人為的大災難包括水災、地震、火山爆發、暴風雨、火災、空難、大車禍及核能意外或大屠殺等。此等災難本身的破壞力和波及的層面就足夠震撼人心，讓人久久難以平息；假如災難直接對當事人造成傷害，那麼對個人的影響就更難以估計了。1998 年初的華航大園空難、1999 年的 921 大地震與 2003 年上半年的 SARS 大流行對社會大眾和災難家屬所造成的影響，最能詮釋此等大災難是個不折不扣的極端壓力源。

㈤戰爭及威脅個人的攻擊

從電影、小說和新聞報導的描述，戰爭的慘烈、無情與殘酷就深深震撼你我，假如是身歷戰爭情境，則對人們所造成的壓力就更不言可喻了。戰爭對人所產生的初期症候群，包括為挫折而哭泣，或對其所帶來之危害的憤怒反應。過一段時間，比較激烈的反應就開始出現，如無法入眠，對突發的聲響畏縮或警懼，心理混亂，一哭就難以停止，或沉默呆坐及目不轉睛地凝視天空。類似行為並不僅限於戰爭，在嚴重意外事件發生之生還者，和如強暴及搶劫等暴力攻擊的受害者身上，也常常會發現類似反應。

二　成人壓力源

由於成人特殊的發展任務（如成家立業）、自然的老化現象（如健康衰退）與社會的快速變遷（如大家庭的式微、人際互動頻繁和充滿競爭的社會等）等因素，致使事事、處處都可能成為成人壓力源。顯而易見的，成人壓力源約有下列諸種（周文欽，2001），本節旨趣僅在概述主要的成人壓力源，至於這些壓力源與成人生活之關係在本書第五章將有深入的論述。

㈠工作

工作的壓力源包括的範疇相當廣泛，從找工作開始，經由工作的性質、工作的變化，一直到可能丟掉工作，無一不會形成壓力源。常見的工作壓力源，主要有求職、職場適應、失業和生涯轉換等四種。

㈡健康

人類因為受制於自然老化法則和生理發展，及生存環境和生活習慣等因素，再加上成人所扮演的多元角色（如為人父、人母、人夫、人妻、人子或人女等），使健康成為成人的主要壓力源。成人常見的健康壓力源有下述三種：

1. 疾病

包括自己生病、子女（特別是年幼的子女）生病、父母或公婆的慢性重症（特別是須長期住院或臥病在床者），前述三者尤以父母或公婆的慢性重症為甚。所謂久病床前無孝子，及為了分擔照顧父母的責任所常見手足間的衝突與爭執，在在說明了直系長輩之重大疾病對人們所造成的壓力。

2. 婦女的更年期

婦女更年期的身心變化，不只對當事人造成重大的影響，也會對其子女或配偶（特別是善體人意且疼老婆的丈夫）形成莫大的壓力。

3. 不孕

不孕對成人造成的壓力以婦女為甚。男人的不孕壓力大多來自「不孝有三，無後為大」的傳統觀念，女人的壓力除了也來自（幫丈夫）傳宗接代的觀念外，

更要面對來自公婆與丈夫的異樣眼光。此外，不孕所引起的夫妻關係變調，更是不孕的主要壓力源。再者，不孕的治療與不孕後可能的領養問題，都會對夫妻形成壓力。

(三)子女教養

子女都是父母心中的一塊寶，父母要子女平安長大，不能輸在起跑點上，成龍成鳳，男大當婚與女大當嫁，早生孫子，婚姻美滿幸福，且要子女們成家立業後生活無虞（最好是房子、車子和金子樣樣具備），在諸「要」的前提下，為人父母的成人們焉能避免教養子女的壓力？一言以蔽之，子女的教養壓力源有：

1. 幼兒的托育。
2. 孩子的病痛與平安。
3. 子女的管教。
4. 子女的讀書與升學。
5. 子女的交友、戀愛與婚姻。
6. 子女對父母的奉養。

(四)經濟理財

大部分的成人都組有家庭、生有子女，且也有長輩須加以奉養，因此，成人之經濟理財壓力源包括：

1. 收入總是不夠用。
2. 購屋置產（如房貸、車貸）。
3. 子女的教育（養）費用。
4. 對父母的奉養（如按月孝敬或購屋時準備父母的住宿房間）。
5. 跟會、買股票或基金等理財措施。
6. 因經濟理財所延伸出來的夫妻爭執（如貧賤夫妻百事哀、夫妻誰掌經濟大權、夫妻財產制的選擇、金錢的運用方式和投資方法等）。

(五)人生晚年

人生晚年好似夕陽西下，雖云彩霞滿天，好不美哉，然卻也將瞬間消失於地平線下。人生晚年莫不如此，儘管有人對此會瀟灑地說：「總算不虛此生，我了

無遺憾！」然大部分的人對這段人生的旅程常懷不捨、恐懼、不知所措或無奈、難捱之心，隨之而來的壓力也就不言可喻了。

　　面臨死亡是人生晚年的最大壓力源，尤其可預期的死亡（如被醫生宣告得了絕症）更令人畏懼。死亡本身會帶來壓力，死亡前的後事安排同樣亦會讓人不得好過，假如是壯志未酬，則人生末日就更令人憾恨與無奈。其次，退休後的人生意義、時間安排、生活步調的改變與人際關係的漸趨疏離，亦會令人深感人生乏味。再者，頻繁和難耐的身體病痛與子女的「自立門戶」而去，也都是人生晚年不得不面對的壓力源。

🏺 關鍵詞彙

壓力源	趨避衝突
微觀壓力源	多重趨避衝突
宏觀壓力源	壓迫感
客觀壓力源	日常瑣事
主觀壓力源	改變
挫折	非理性觀念
衝突	A-B-C 人格理論
雙趨衝突	極端壓力源
雙避衝突	成人壓力源

🏺 自我評量題目

1. 試述壓力源的涵義及其分類。
2. 何謂宏觀壓力源？何謂微觀壓力源？並舉例說明其差異處。
3. 何謂客觀壓力源？並說明常見的客觀壓力源有哪些？
4. 非理性觀念為何會形成壓力源？試舉例說明之。
5. 會令你產生壓力的非理性觀念為何？試申己見。
6. 何謂極端壓力源？常見的極端壓力源又為何？
7. 常見的成人壓力源為何？試申己見。

參考文獻

周文欽（1999）。壓力與健康。載於賴保禎、張利中、周文欽、張德聰、劉嘉年編著：**健康心理學**。台北：空中大學。

周文欽（2000）。理情諮商法。載於周文欽、賴保禎、金樹人、張德聰編著：**諮商理論**。台北：空中大學。

周文欽（2001）。壓力問題與調適。載於劉焜輝、周文欽、張德聰、林蔚芳編著：**成人問題與諮商**。台北：空中大學。

柯永河（1978）。**臨床心理學：心理治療**（第二冊）。台北：大洋出版社。

紀文祥（1983）。合理情緒治療法。載於宗亮東等著：**輔導學的回顧與展望**。台北：幼獅書局。

張幸雄（1978）。理性－情緒治療法緒論。載於救國團張老師主編：**現代心理治療理論**。台北：幼獅書局。

張春興（1989）。**張氏心理學辭典**。台北：東華書局。

張春興（1991）。**現代心理學**。台北：東華書局。

羅惠筠、陳秀珍編譯（1994）。**現代心理學：生活適應與人生成長**。台北：美亞書版。

Brenner, M. H. (1973). *Mental illness and the economy.* Cambridge, MA: Harvard University Press.

Brenner, M. H. (1979). Influence of the social envionment on psychopathology: The historic perspective. In J. E. Barrett (Ed.), *Stress and mental disorder*. New York: Raven.

Corey, G. (1991). *Theory and practice of counseling and psychotherapy* (4th ed.). Pacific Grove, CA: Brooks/Cole.

Dryden, W., & Ellis, A. (1988). Rational-emotive therapy. In K. S. Dobson (Ed.), *Handbook of cognitive-behavioral therapies*. New york: Guildford.

Lazarus, R. S., & DeLongis, A. (1983). Psychological stress and coping in aging. *American Psychologist, 38*, 245-254.

Lewin, K. A. (1935). *A dynamic theory of personality* (K. E. Zener & D. K. Adams, Trans.). New York: McGraw-Hill.

Morris, C. (1990). *Contemporary psychology and effective behavior* (7th ed.). Glenview, IL: Scott, Foresman.

Rayman, P., & Bluestone, B. (1982). *The private and soical response to job loss: A metropolitan*

study. Final report of research sponsored by the Center for Work and Mental Health, National Institude of Mental Health.

Worchel, S., & Shebilske, W. (1995). *Psychology: Principles and applications*. Englewood Cliff, NJ: Prentice-Hall.

第二篇
壓力反應

壓力的生理反應

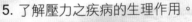

學習目標

——研讀本章內容之後,學習者應能達成下列目標:

1. 了解壓力的生理反應模式。
2. 了解壓力之生理反應的生理基礎。
3. 說出壓力之生理反應的歷程。
4. 了解壓力之生理反應的身體與生理現象。
5. 了解壓力之疾病的生理作用。
6. 說出壓力下常見的心身症。

摘 要

　　人的壓力反應型態，主要可分成生理（身體）反應與心理反應等二種。壓力的生理反應有其共通的反應模式，也有其生理基礎。壓力之生理反應的生理基礎，主要是透過神經系統（特別是自主神經系統）與內分泌系統的生理作用發揮之，而這二種系統的運作機制都是源自於腦裡的下視丘。壓力之生理反應的共通歷程，稱為一般適應症候群（GAS），GAS旨在說明人們遭遇壓力後出現生理反應的歷程，此歷程包括警覺反應、抗拒期與耗竭期等三個階段。壓力下，身體之各個器官或組織都會產生一些普遍性的生理反應現象。某些壓力所造成之疾病，其致病原因與特殊的生理作用有關。

　　壓力所引起的心身症，最常見者為消化系統疾病（如潰瘍、腸炎症與腸激躁症候群）、週期性頭痛（包括緊張性頭痛與偏頭痛）及心臟血管疾病（如高血壓和冠狀動脈心臟病）等三類。

　　人們在面對壓力（壓力源）時，會產生各式各樣的反應。雖然個人的經驗、人格特質和時空環境，都會造成人們不同的壓力反應；惟仍可歸納出普遍性與共通性的反應，那即是生理反應與心理反應。本章先討論壓力的生理反應，下一章再討論心理反應。本章首先論述生理反應的原理，接著說明生理反應的歷程，並兼及生理反應的現象與疾病，最後以影響生理反應的因素作結。

第一節
反應原理

　　在討論壓力的各種反應之前，首先要了解人們在壓力下的主要反應型態，俾便依據不同的反應型態給予適切的輔導（含反應特徵的解說）；接著，說明壓力下生理反應（心理反應詳見第四章）的一般模式，並闡釋生理反應的生理基礎。

一　壓力反應型態

　　一般人對壓力的反應，主要可分成生理（身體）反應和心理反應等二種。然而，壓力的反應型態有很大的個別差異，有人偏向於生理反應，有人則大都是心理反應，也有些人則是二者都兼而有之。壓力下，不同的反應型態，不只會對人造成不同的影響，而且所運用的壓力管理（調適壓力）方法或策略，也會因之而有差異。職是之故，在探討壓力的輔導措施上，了解人們的壓力反應型態就成為一個重要的課題。表 3-1 由高爾曼（D. Goleman）所編製的〈壓力型態測驗〉（Stress Style Test）（引自 Atwater, 1994）就可幫助我們了解，究竟是屬於何種壓力反應型態。

表 3-1　壓力型態測驗

◎想像你自己正處於壓力情境中。當你因壓力而感到焦慮時，你典型的反應為何？下列各項是可能的反應經驗，請在各項題號左側的 "□" 打 ∨，以代表你的反應。

□ 1. 心跳加速。
□ 2. 因思維混亂導致很難專心。
□ 3. 對於的確不重要的事還是非常苦惱。
□ 4. 感覺神經過敏。
□ 5. 拉肚子。
□ 6. 想到可怕的景象。
□ 7. 無法從心中去除焦躁的想法與影像。
□ 8. 胃痛。
□ 9. 焦急地走來走去。
□10. 被掃過心頭的不重要想法所困擾。
□11. 身體變得難以移動。
□12. 因不能很快做決定，致使會覺得把事情弄砸了。
□13. 冒汗。
□14. 不能停止思索會令人煩惱的想法。

（資料來源：引自 Atwater, 1994, p. 112）

　　表 3-1 裡的各個項目，每打一個 "∨" 即計一點，第 2、3、6、7、10、12 與 14 項是屬於精神點數（mind point），第 1、4、5、8、9、11 與 13 項則是屬於肉體點數（body point）。現在將各個項目加以計點，倘若精神點數大於肉體點數，那麼就代表你的壓力反應型態是「心理壓力型」（mental stress type）；倘若肉體點數大於精神點數，則代表你的壓力反應型態是「身體壓力型」（physical stress type）；倘若二者的點數相等，則代表你是「混合反應者」（a mixed reactor）。

二　生理反應模式

　　在面對壓力時，一般人通常都會產生各式各樣的生理（身體）反應。歸納言之，壓力下的生理反應模式不出圖 3-1 的內容。

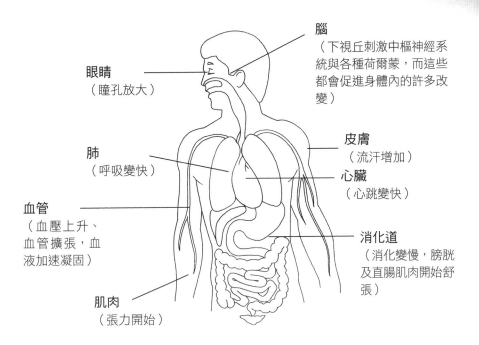

腦
（下視丘刺激中樞神經系統與各種荷爾蒙，而這些都會促進身體內的許多改變）

眼睛
（瞳孔放大）

皮膚
（流汗增加）

肺
（呼吸變快）

心臟
（心跳變快）

血管
（血壓上升、血管擴張，血液加速凝固）

消化道
（消化變慢，膀胱及直腸肌肉開始舒張）

肌肉
（張力開始）

圖 3-1　壓力的生理反應模式

（資料來源：引自 Orlandi & Prue, 1988, p. 14）

　　壓力下人們的一般生理反應模式，如圖 3-1 所示，反應模式的具體與實質內容，則詳如下述諸端（Orlandi & Prue, 1988, p. 15）：

1. 當人們看到和聽到壓力源（如百步蛇）時，他的眼睛和耳朵會立即將訊息（這是一條百步蛇，而且牠非常危險）傳達到腦部；此時，腦部會將「警覺」（alert）的訊號，快速地送到下視丘（hypothalamus，位於腦底部的一小群神經細胞）。接著。下視丘會開始促進許多動作方面的自主身體功能（automatic body functions），之後，特殊的荷爾蒙會幫助這些功能的實現。

2. 消化變慢。壓力源（百步蛇）出現之前，絕大部分人的血液都會往他的身體中心處流去，以協助食物的消化，但當人看到百步蛇時，血液會立即流向他的手臂和四肢，以讓他們準備快速地行動（如逃跑）。

3. 同時，呼吸變快。當人們處於高度緊張害怕（如看到百步蛇）時，身體會將比較多的氧送往肌肉，以補給它們，俾便「戰或逃」（fight or flight）。

71

4. 心跳加速，血壓上升。人們遇到壓力源，在準備下一步行動前，其血液也會快速流向肌肉和腦部。

5. 營養物從身體儲存系統（body's storage system）輸送進入血液。食物提供能量，所以當身體意識到有行動的需求時，身體就會誘發那些能量。人們或許非常強壯，但這突來的集中能量，會令人在遇到壓力源時，比平常時跑得更快或戰得更勇猛。

6. 肌肉緊張。當人們壓力大或緊張害怕時，他的身體會顯得僵硬與緊繃，這是因為血液和氧競相輸往肌肉所造成。

7. 流汗增加。身體活動或運作愈多或愈賣力，它就愈須冷靜下來。流汗是人們身體內在的冷氣系統。同時，雞皮疙瘩與毛髮尾端立起來都會促進身體的降溫。

8. 瞳孔擴大，眼皮睜得更開。這二種生理反應，旨在使經驗到壓力的人，極大化他的視野。

9. 血液凝固的速度會更快。面對壓力時，身體確實會釋放某些血液凝固化學物質（如兒茶酚胺）進入血液裡。當人因遇到壓力源（如老虎）受傷（被咬）流血，則停止流血的時間會比正常時候來得快。

三 生理基礎

　　人們經驗到外界的壓力源後，透過複雜的生理作用，才會產生各種的生理反應。生理作用主要是透過神經系統與內分泌系統等二種系統發揮之，這二種系統的運作機制都是源自於腦裡的下視丘，所以下視丘是支配壓力反應的樞紐。

(一)神經系統

　　人體的神經系統分成中樞神經系統（central nervous system）和周邊神經系統（peripheral nervous system）等二大系統。中樞神經系統主要是由腦和脊髓所構成，腦又可分成大腦皮質（cerebral cortex）和下皮質（subcortex）等兩大部分。大腦皮質是人類的語言、運動、視覺、聽覺和膚覺等各種神經中樞之所在；下皮質包括小腦、延腦、橋腦及間腦（diencephalon）等組織，間腦主要由視丘（thalamus）與下視丘所組成。周邊神經系統分成軀體神經系統（somatic nervous system）和自主神經系統（automatic nervous system），自主神經系統又可分成交感神經系統（sympathetic nervous system）和副交感神經系統（parasympathetic nervous system）。人之神經系統的構成體系詳見圖 3-2。

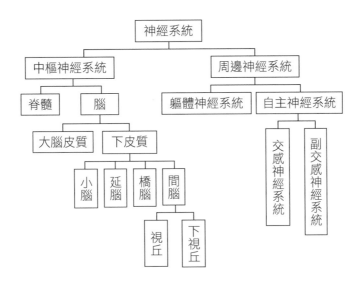

圖 3-2　神經系統之構成體系

　　與壓力之生理反應最有關聯的神經系統，當屬下視丘和自主神經系統。下視丘位於腦部的腦下垂體（pituitary gland）上方，是一個中樞性的內分泌器官，它與腦下腺以垂體門脈系統的血管相聯繫，其主要功能如下述（樓迎統、陳君侃、黃榮棋、王錫五，1997）：

1. 促進腦下腺基本轉錄、合成及分泌激素。
2. 調節腦下腺激素的生物活性。
3. 促進腦下腺細胞增生及變大。

　　誠如前文所述，自主神經系統包括交感神經系統和副交感神經系統。壓力源刺激下視丘後，會經由自主神經系統產生一些生理作用。交感神經系統主管消耗能量的活動，在壓力源的刺激下所產生的生理作用如下述（潘正德譯，1995，第

38頁）：

1. 心跳加速。

2. 增加心臟收縮的力量。

3. 冠狀動脈擴張。

4. 使腹部血管收縮。

5. 瞳孔擴張。

6. 支氣管擴張。

7. 骨骼強度增加。

8. 從肝臟中釋放葡萄糖。

9. 心智活動增加。

10. 皮膚和肌肉的血管擴張。

11. 大量增加基本代謝率。

　　副交感神經系統主管保存能量的活動，在壓力源的刺激下會產生從壓力的緊張狀態回復到放鬆的生理作用（潘正德譯，1995）。直言之，這兩種自主神經系統的生理作用是相對的。

㈡內分泌系統

　　當內分泌系統受到壓力源刺激時，將使下視丘釋放出親皮質素分泌素（corticotrophin releasing factor, CRF），CRF 使腦下垂體分泌腎上腺皮質素激素（adrenocorticotrophic hormone, ACTH），ACTH 除激發腎上腺皮質分泌類皮質糖（glucocorticoid）和礦物皮質糖（mineralocorticoid），也激發腎上腺髓質分泌腎上腺素（adrenaline）和正腎上腺素（noradrenaline）。類皮質糖的主要成分是可體素（cortisol），礦物皮質糖的主要成分則是醛類脂醇（aldosterone）。可體素的主要功能是提供活動的能量及增高動脈血壓，這些功能都是讓人決定戰或逃之反應做準備；醛類脂醇的主要功能，是抑制體液流失與增加血流量以升高血壓，其目的在使養分和氧傳導至身體各處以備隨時活動。腎上腺素和正腎上腺素的主要功能有下述諸端（樓迎統等，1997，第 277-278 頁）：

1. **增加血糖濃度**

　　血糖中的主要成分是葡萄糖，而葡萄糖是體內能量的主要來源，也易為組織所利用。因此，在壓力所引起的緊急狀況下，體內組織需要較多的葡萄糖以產生能量，而腎上腺素與正腎上腺素都可使血糖升高，以使更多的葡萄糖來供應組織。

2. **提高體溫**

　　腎上腺素也可以經由提升基礎代謝率，以促使身體產生熱量，俾適應寒冷的環境，同時也可促進皮膚表面的微血管收縮以保存熱量。

3. **增加肌肉血流量**

　　在腎上腺素的刺激下，會使心跳加速，收縮加強，心臟血液輸出量增加，肌肉小動脈擴張，而內臟及皮膚血管收縮，使得由血液所輸送的能量從內臟及皮膚轉運到肌肉和其他必要器官，以適應「戰或逃」的緊急狀況。前述諸種功能確實有助於壓力當事者免於缺氧或外傷（如被百步蛇或老虎所咬）所引起的致命危險狀況；惟此種生理作用的時間持續過長的話，則容易造成內臟衰竭、壞死與全身代謝性的酸中毒。

4. **加強其他激素的功能或使其分泌**

　　在某些情況下（與血管平滑肌的 β 受體結合），腎上腺素與正腎上腺素會使血管舒張，血壓下降，進而促進抗利尿素的分泌，致使體內水分滯留；在另外情況下（與血管平滑肌的 α 受體結合），則腎上腺素和正腎上腺素會使血管收縮，血壓上升，進而抑制抗利尿素的分泌，致使體內水分流失。再者，在其他特殊的情況下，腎上腺素和正腎上腺素也可促進腎素、甲狀腺素、副甲狀腺素、降鈣素、生長素和胃泌素的分泌。

　　壓力源除了刺激下視丘釋放 CRF，並透過 CRF 使腦下垂體分泌 ACTH，以激發內分泌系統的腎上腺產生各種生理作用外；也會刺激下視丘釋放甲狀腺刺激激素（thyroid stimulating hormone, TSH），並透過 TSH 使腦下垂體分泌甲狀腺激素（thyrotrophic hormone, TTH），TTH 則會激發內分泌系統的甲狀腺分泌甲狀腺素（thyroxin）。甲狀腺素的生理作用有下列諸項（潘正德譯，1995，第 35 頁）：

1. 基本代謝率增加。

2. 脂肪酸的釋放增加。

3. 糖質新生的速率增加。

4. 胃腸的蠕動增加。

5. 呼吸的速率和深度增加。

6. 心跳加速。

7. 血壓增高。

8. 焦慮增加。

9. 疲倦感減低。

　　一言以蔽之，下視丘被壓力源刺激後會釋放出 CRF 與 TSH，經由這二者，最後會促使內分泌系統的腎上腺和甲狀腺分泌可體素、醛類脂醇、腎上腺素、正腎上腺素和甲狀腺素，並因之而產生各種生理作用。壓力源對內分泌系統的生理作用之概要，參見圖 3-3。

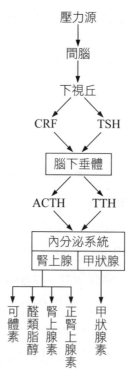

圖 3-3　壓力源對內分泌系統的生理作用

第二節
反應歷程

　　壓力的生理反應在生理作用下，有其共通的歷程，加拿大籍的生理學家薛力（Hane Selye, 1907-1982）稱此歷程為「一般適應症候群」（general adaptation syndrome, GAS）。GAS旨在說明人們遇到壓力後出現生理反應的歷程，這種歷程包括警覺反應（alarm reaction）、抗拒期（stage of resistance），及耗竭期（stage of exhaustion）等三個階段（Seyle, 1956, 1976）。

 ## 一　警覺反應

　　當人們遇到壓力源的第一個反應，就是將自己組織起來，俾以因應外界的各種挑戰，並適應各種隨之而來的需求，這個反應就是警覺反應。在這個階段裡，身體會發生某些改變，以提升人們的反應速度與品質，俾確保當事人在壓力下有良好的因應與適應。這些改變之要者有下述二種（羅惠筠、陳秀珍編譯，1992）：

1. 腎上腺皮質素分泌增加。
2. 腎上腺素和正腎上腺素傾注入血液並至全身。

　　事實上，在警覺反應階段，大量的葡萄糖和氧會進入腦部、骨骼肌和心臟裡，這些生理變化會產生多種生理現象（Bloom, 1988, p. 77）：

1. 加速心跳與心肌收縮的強度。
2. 支配皮膚和內在器官（如心、肝、肺、胃及腸等）之血管的收縮，及支配骨骼肌和腦部之血管的舒張。
3. 紅血球製造的提升，並降低血液凝固的能力。
4. 在面對快速血液循環下減少出汗，以協助維持正常的體溫。
5. 增加呼吸速率以充分供應身體氧氣。

6. 降低消化活動。

　　前述生理現象旨在讓人們準備好對壓力源進行反應，所以此階段特稱之為警覺反應，此時常見的症狀有發燒、頭痛、沒有胃口與疲累等。在正常情況下，只要壓力源一消失，前述的生理現象隨即恢復正常。

二　抗拒期

　　假如人們過了警覺反應期後，仍持續暴露在壓力源下，那麼個體就進入「一般適應症候群」的第二個階段，即抗拒期。在抗拒期裡，個體體內會發生一些複雜的神經生理變化，俾便人們不間斷地繼續抗拒壓力源，並能因應之。在這個階段，警覺反應的生理現象消失了，代之而起的是：增加各類腺體的分泌，降低感染的抵抗力，以及產生「適應疾病」（diseases of adaptation）（由心理壓力所產生的生理疾病）。這一階段常見的症狀，有壓力引起的胃潰瘍和高血壓，但是這些症狀未必都是由壓力所導致。這一個階段，個體對原先的壓力源之抗拒力增強了，然而對其他壓力源的抗拒力卻相對地降低。亦即，當身體資源已在某個壓力下而動員了，則身體應付其他壓力的能力就降低了。例如，一個生病的人就常會缺乏足夠的體力與精力，以有效地因應或應付挫折、衝突、日常瑣事、壓迫感或其他的心理壓力（羅惠筠、陳秀珍編譯，1992）。

三　耗竭期

　　當抗拒期的壓力源持續存在之時間太長的話，為了生存，個體必須使用更極端的策略或方法來因應；惟每一次的再因應，對個體已見將盡的資源而言，無疑是飲鴆止渴。至此，個體就沒有能量再抗拒下去，這時就進入GAS的第三階段耗竭期。在這個階段，個體無法提升速率以繼續分泌各種激素（荷爾蒙），所以個體就不能再因應長期的壓力（因防衛力崩潰、適應能量已耗盡），警覺反應的生理症狀再度出現；這時，若不即時伸出援手、適時相助，那麼當事人的適應情況

會愈趨惡劣，最後可能會導致死亡。

第三節
反應現象與症狀

壓力下的生理反應，有可能會在身體的各個器官或組織產生各種的生理現象，這些生理現象若惡化下去，或壓力源持續存在的話，則在此強大壓力下，與壓力有關的疾病於焉臨身。

一 身體與生理現象

壓力之生理反應的第一步，是產生若干的生理現象，因此，要評量一個人是否有壓力，端視生理現象的多寡而定。有許多研究發現，下述的生理現象若超過三個，就代表有壓力（蔡宜玲，2003）。

1. 眼睛容易疲勞。

2. 以前沒有耳鳴，現在卻經常耳鳴。

3. 常常無緣無故嘴巴痛。

4. 肩膀、背部和腰部會感到疼痛。

5. 已經睡了很久，醒來卻還是像沒睡飽一樣。

6. 感覺腦袋老是昏昏沉沉。

7. 沒有食慾或食慾太好，突然會暴飲暴食或有厭食症。

也有學者直接指出，身體各個器官或組織在壓力下，會產生的生理現象如下述（Orlandi & Prue, 1988, p. 67）：

1. **頭髮**：某些種類的禿髮與嚴重的壓力有關。

2. **腦**：壓力會引起諸多不同的問題，從焦慮症到嚴重的疾病如精神分裂症，都有可能發生。

3. **口**：類似潰瘍的問題，也常是壓力的一種反應。

4. **呼吸系統**：氣喘患者在壓力下，常會引起氣喘發作。

5. **心臟血管系統**：心臟病發作和其他心臟病與血管的疾病，常常會與壓力連結在一起。

6. **消化道**：消化不良常是壓力的反應之一，其他更嚴重的問題如潰瘍，也是壓力的常見反應。

7. **膀胱**：壓力會造成人之膀胱的敏感（如頻尿），特別是女性比較容易產生此種生理現象。

8. **生殖系統**：壓力下生殖系統的生理現象，包括男性的性問題（如不舉、早洩等）和女性的月經失調。

9. **肌肉**：壓力會更增加巴金森氏症患者的顫抖，並引起小規模的痙攣與抽搐。

10. **皮膚**：壓力會引發的皮膚問題，包括濕疹和牛皮癬。

 ## 二 生理作用與疾病

壓力會造成身體的疾病，大都有生理作用的原因和基礎，就目前所知，壓力會引起之疾病和生理作用的關係，詳如下述（Ogden, 1996, p. 210）：

1. 壓力會增加胃酸的分泌量。

2. 壓力會增加兒茶酚胺（catecholamine）的分泌量，此現象會引起血液凝固作用的提升，致增加心臟病病發的機會。

3. 壓力會增加心臟瓣膜的反應，與增加動脈的損傷機會，也會導致心臟病病發。

4. 壓力會造成皮質類脂醇（corticosteroid）的增加，如此會導致關節炎。

5. 兒茶酚胺的增加，也會導致腎臟疾病。

6. 壓力會造成兒茶酚胺和皮質類脂醇的增加，這二者都會影響到免疫系統的運作，致使人們容易遭受感染而得病。

三　常見的心身症

　　所謂心身症（psychosomatic）（psycho 是指心，soma 是指身），是指由心理因素，特別是情緒壓力，所引起或使之惡化的症狀或疾病（Lipowski, 1986）。心身症是一種真正的病，它有生理上的明顯症狀，而且也可被診斷出來。然而，它也有另一種不容易被測量出來的心理成分（潘正德譯，1995）。雖然，心身症一詞已有一段很長的歷史，而且也有很多專家與一般機構至今仍在使用著；但其概念已發生某些改變，現在也有了新的名字：心理生理症（psychophysiological disorders）。所謂心理生理症，是指經由心理社會（psychosocial）與生理歷程之交互作用，所造成的身體症狀或疾病（Sarafino, 2002）。研究壓力的學者曾具體而微地指出，長期處在重大壓力下，所引起的心身症（或心理生理症）如下述（羅惠筠、陳秀珍編譯，1992）：

1. 腸胃反應的疾病，如消化性潰瘍、潰瘍性結腸炎，與心因性腹瀉。

2. 呼吸反應的疾病，如氣喘、支氣管痙攣，與過度換氣。

3. 骨骼肌肉反應的疾病，如背痛、抽筋，與磨牙。

4. 皮膚反應的疾病，如蕁麻疹、癢症，與過度出汗。

5. 心臟血管反應的疾病，如偏頭痛、高血壓，與心跳太快。

6. 免疫反應的疾病，如風濕性關節炎、全身性紅斑狼瘡，與慢性活動性肝炎。

　　發生上述諸種心身症，須有三個先決條件，這三個條件分別是（羅惠筠、陳秀珍編譯，1992）：

1. 長期地承受壓力，而且引起情緒緊張。

2. 因應壓力失敗，造成情緒長期的激動。

3. 器官的特異性（organ specificity）。

　　雖然，壓力會引起如前述那麼多的心身症，但最常見者首推消化系統疾病、週期性頭痛與心臟血管疾病等三類。

(一)消化系統疾病

受壓力影響的消化系統疾病中，最普遍者有潰瘍、腸炎症（inflammatory bowel disease）與腸激躁症候群（irritable bowel syndrome）等三種。潰瘍和腸炎症這兩種病在消化道裡都有創傷，以至於會引起疼痛和出血（American Medical Association, 1989）。潰瘍都發生在胃、十二指腸或小腸前段部位，腸炎症則包括大腸炎和小腸炎。雖然潰瘍與腸炎症困擾了大部分的成人，但是這二種病也會發生在兒童及青少年身上。

本節之二曾述及，壓力會增進胃酸的分泌量；另者，因胃酸的增加，至產生腸胃的潰瘍。事實上，在 1950 年代，就有學者用實驗法證明了壓力與增進胃酸分泌量和潰瘍的關係。在 1956 年，曾有研究者在一位十五個月大女嬰的胃，開了一個暫時性開口以測量胃酸。研究結果發現：當她生氣憤怒時，其胃酸分泌量達到最高水準（Engel, Reichsman, & Segal, 1956）。二年後（1958 年），白洛第等人（Brady, et al.）用猴子做實驗。他們將 A、B 兩隻猴子的頭部與身體固定在相鄰的鐵架上，只讓前肢可自由活動。二猴的腿部都連接可導電的電線，且 A、B 的電線是相通的（以控制相同的電擊電流量）；此外，並在二猴面前各置一個自動開關電流的儀器，唯一不同的是，A 猴面前的開關可切斷電流，B 猴的開關則無此功能。如此的實驗設計，是要讓 A 產生極大的壓力和焦慮（通電後，隨時準備切斷電流，因此神情緊繃），B 猴則是命運操控在別猴手裡，坐以待斃，哀莫大於心死，反而不緊張。實驗至第二十三天，A 不支死亡，解剖後發現腸胃早已潰瘍，B 的腸胃則無恙（引自張春興，1976）。

腸激躁症候群最常見者是大腸激躁症（簡稱腸躁症）。腸躁症是工業化國家中相當常見的成人疾病，報告的盛行率從 3%到 20%不等，甚至有歐美學者統計在因病導致患者暫時無法工作的原因中，腸躁症僅次於感冒，位居第二（吳明賢，2003）。

腸躁症是指大腸蠕動異常，是一種功能性腸胃障礙，臨床上共同的特徵是反覆且慢性地發生腹部不適和排便習慣變化。腸躁症有兩種型態，且常伴有腹痛與腹脹的症狀：第一種是便祕型，即大腸蠕動過慢，易造成排便困難；第二種是腹

瀉型，即大腸蠕動太快，易造成頻便，甚至腹瀉的情形。腸躁症型態有很明顯的性別差異，一般而言，男性以腹瀉型，而女性卻以便祕型為主（吳明賢，2003）。腸躁症通常是交感神經及副交感神經不協調所致，容易受到病人情緒變化而產生變化。如果病人的生活或工作壓力增加，情緒波動起伏過大則易發生此病。治療上，首先要從心理及精神健康著手，放慢生活腳步，盡量減少學業、工作或生活上的壓力，提高自己的生活EQ。另者，也要養成均衡的飲食習慣，避免咖啡、茶葉、汽水、可樂等含咖啡因或碳酸飲料，少吃辛辣或其他刺激性的食物，並尋求專科醫師，做詳細的鑑別診斷，俾投以藥物治療，及避免延誤其他重大疾病的治療時機（「治療大腸激躁症」，1999）。

(二)週期性頭痛

雖然週期性頭痛有許多種不同的型態，但緊張性頭痛（tension-type headache）和偏頭痛（migraine headache）是二種最普通的型態（Lipton, Silberstein, & Stewart, 1994）。緊張性頭痛可能是因頭部與頸部肌肉的持續收縮所造成，所以又稱為肌肉收縮頭痛（muscle-contraction headache），它是人們對壓力源反應的典型特徵（American Medical Association, 1989）。緊張性頭痛是一種規律性的鈍痛（a dull and steady ache）（鈍痛，無法明確指出痛點的痛，與尖銳痛 sharp ache 是相對的，它的英文是 dull ache）。此種疼痛常常讓我們感覺到，好像有一股力量緊緊地環繞著頭部（就似孫悟空被緊箍咒套上所產生的痛苦）。週期性的緊張性頭痛一星期會發生二次或二次以上，而且會持續數小時、數天或數週（Dalessio, 1994）。

偏頭痛可能是圍繞腦部之血管的舒張所造成，此種疼痛通常都由靠近顳顬（temple，俗稱太陽穴）之頭部的一側開始，痛的形式是尖銳的（尖銳痛 sharp ache，可明確指出痛點的痛）與悸動的（悸動痛 throbbing ache，即台語所稱「丟丟仔痛」），而且會持續數小時，有時會持續數天（Dalessio, 1994）。偏頭痛會產生一些先兆的症狀，例如在視野裡面會看到直線與閃光，而且也可能會伴隨著暈眩、噁心與嘔吐。

前述二種頭痛，比較普遍的是緊張性頭痛。有研究更進一步指出（Wittrock &

Myers, 1998），壓力源特別是日常生活裡的瑣事，是引起這二種頭痛的最主要原因之一。

(三)心臟血管疾病

在第一章第四節（影響壓力反應的因素）裡曾提及，A 型性格者得到冠狀動脈心臟病（coronary heart disease, CHD）的機會要高於 B 型性格者；這樣的發現間接意味著，壓力是發生心臟血管疾病的一個因素。有非常多的證據都顯示，心臟血管疾病中的高血壓和冠狀動脈心臟病等二種病的發生，壓力都扮演著重要的角色。

1. 高血壓

所謂高血壓（hypertension），是指有高的血壓（high blood pressure）狀況持續了數星期或更多時間，它是 CHD、中風與腎臟病的主要危險因子。高血壓可以分成二種，第一種是續發性高血壓（secondary hypertension），是因身體其他的系統或器官之病變所造成，可以透過醫藥處治而治癒；第二種是原發性高血壓（primary hypertension），引起高的血壓之機轉不明，大多數的高血壓都屬於此種。雖然原發性高血壓的病因未知，不過卻有許多證據都指出，下述的危險因子就是高血壓的決定因素（American Heart Association, 2002）：

(1)肥胖。

(2)飲食成分，如鹽、油與膽固醇。

(3)抽菸過量。

(4)不運動。

(5)高血壓家族史。

(6)心理社會因素。

高血壓的心理社會因素包括壓力和情緒行為，例如憤怒與敵意。曾有學者（Cobb & Rose, 1973）以塔台航管人員和飛機機師為研究對象，結果發現：對任何年齡層而言，高壓力者得到高血壓的比率，要高於低壓力者（如圖 3-4）：

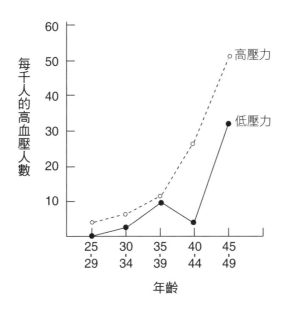

圖 3-4　壓力、高血壓與年齡的關係

（資料來源：引自 Cobb & Rose, 1973）

　　綜合各種相關的研究可以發現，生活在比較擁擠、多暴力和人際衝突較頻繁的環境裡，或個性較悲觀、易憤怒與常懷敵意的人，他們的血壓較容易升高，而且得到高血壓的比率也較高（Sarafino, 2002）。

2. 冠狀動脈心臟病

　　流行病學家在許多不同文化的國家，研究 CHD 的分布與發生率數十年，研究結果指出，CHD 是一種現代社會的疾病，也就是說，高度科技化國家的心臟病發生率要高於其他國家（Susser, Hopper, & Richman, 1983）。有許多研究都支持壓力與 CHD 之間的關係，例如：

(1)高工作負荷、工作責任與工作不滿意和 CHD 的高發生率有關（Quick, Quick, Nelson, & Hurrell, 1997）。

(2)冠狀動脈栓塞者在發病前數個月內，生活事件會突然增加（Garrity & Marx, 1979）。

(3)曾罹患 CHD 的人，再度發作者在發作前都經驗到生活事件中實質壓力的
增加；未再復發者都聲稱，生活事件中的壓力都不再增加（Theorell &
Rahe, 1975）。

本節之二「生理作用與疾病」裡，曾述及壓力會增加兒茶酚胺與皮質類脂醇
的分泌（經由內分泌腺釋放），這二種荷爾蒙長期大量分泌的結果，將會損害血
管與心臟，促進動脈粥狀硬化（atherosclerosis），進而導致高血壓與動脈硬化
（arteriosclerosis）的發生。壓力也會產生心律不整（cardiac arrhythmia），而心律
不整會造成心臟病發作及猝死。以上所述，都顯示了壓力與 CHD 之間的生理學
聯結關係。事實上，壓力與 CHD 也存在著行為的聯結關係；例如，壓力常和抽
菸與飲酒有密切的關係，而這二者都是CHD的行為危險因子（Sarafino, 2002）。

綜合言之，壓力影響疾病之發生的因素，可歸成下述三個層面（Worchel &
Shebilske, 1995）：

1. 壓力破壞我們的免疫系統，以致降低了我們的身體對於受感染與癌症細胞的攻
   擊力。
2. 壓力產生的激動（arousal）升高了血壓，破壞消化功能，並引起疲累，這些現
   象都有害於我們的身體器官。
3. 人們會因過於專注壓力，以至於疏忽了疾病的症狀。

關鍵詞彙

心理壓力型	抗拒期
身體壓力型	耗竭期
混合反應者	心身症
周邊神經系統	心理生理症
中樞神經系統	大腸激躁症
自主神經系統	緊張性頭痛
交感神經系統	偏頭痛
副交感神經系統	高血壓
一般適應症候群	CHD
警覺反應	GAS

自我評量題目

1. 試述一般人在壓力下的反應型態為何。

2. 試概述人在壓力下的生理反應模式。

3. 壓力之生理反應的主要生理基礎為何？試申述之。

4. 何謂一般適應症候群？試申述之。

5. 試述壓力的主要身體與生理反應現象。

6. 試述壓力下的生理作用與疾病之關係。

7. 試述壓力下常見的心身症。

8. 試述大腸激躁症的症狀及治療之道。

9. 試述高血壓的涵義、危險因子，及其與壓力的關係。

參考文獻

吳明賢（2003.7.28）。通暢人生從腸胃開始。**聯合晚報**，第六版。

治療大腸激躁症從心理健康著手（1999.4.2）。**自由時報**，醫療信箱版。

張春興（1976）。**心理學**（下冊）。台北：東華書局。

潘正德譯（1995）。**壓力管理**。台北：心理出版社。

樓迎統、陳君侃、黃榮棋、王錫五（1997）。**實用生理學**（二版）。台北：匯華圖書出版
　　公司。

蔡宜玲（2003.8.9）。壓力也找上你了嗎？**聯合晚報**，第六版。

羅惠筠、陳秀珍編譯（1992）。**現代心理學：生活適應與人生成長**。台北：美亞書版。

American Heart Association. (2002). *Heart and stroke A-Z guide*. Retrieved March 7, 2002, from
　　http://www.americanheart.org

American Medical Association. (1989). *The American Medical Association encyclopedia of medi-
　　cine*. New York: Random.

Atwater, E. (1994). *Psychology for living: Adjustment, growth, and behavior today* (5th ed.). Eng-
　　lewood Cliff, NJ: Prentice Hall.

Bloom, B. L. (1988). *Health psychology: Psychosocial perspective*. Englewood Cliff, NJ: Prentice
　　Hall.

Cobb, S., & Rose, R. M. (1973). Hypertension, peptic ulcer, and diabetes in air traffic controllers.
　　Journal of the American Medical Association, 224, 489-492.

Dalessio, D. J. (1994). Diagnosis the severe headache. *Neurology, 44* (Suppl. 3), S6-12.

Engel, G. L., Reichsman, R., & Segal, H. L. (1956). A study of an infant with a gastric fistula: I.
　　Behavior and the rate of total hydrochloric acid secretion. *Psychosomatic Medicine, 18*,
　　374-398.

Garrity, T. F., & Marx, M. B. (1979). Critical life events and coronary disease. In W. D. Gentry &
　　R. B. Williams (Eds.), *Psychological aspects of myocardial infarction and coronary care*
　　(2nd ed.). St. Louis, MO: Mosby.

Lipowski, E. J. (1986). What does the word "psychosomatic" really mean? A historical and sem-
　　antic inquiry. In M. J. Christie & P. G. Mellett (Eds.), *The psychosomatic approach: Con-
　　temporary practice and wholeperson care*. New York: Wiley.

Lipton, R. B., Silberstein, S. D., & Stewart, W. F. (1994). An update on the epidemiology of mi-

graine. *Headache, 34*, 319-328.

Ogden, J. (1996). *Health psychology: A textbook*. Buckingham, UK: Open Univerity Press.

Orlandi, M., & Prue, D. (Eds.). (1988). *Encyclopia of good health: Stress and mental health*. New York: Facts on File.

Quick, J. C., Quick, J. D., Nelson, D. L., & Hurrell, J. J. (1997). *Preventive stress management in organization*. Washington, DC: American Psychological Association.

Sarafino, E. P. (2002). *Health psychology: Biopsychosocial interactions* (4th ed.). New York: John Wiley & Sons.

Selye, H. (1956). *The stress of life*. New York: McGraw-Hill.

Selye, H. (1976). *Stress in health and disease*. Woburn, MA: Butterworth.

Susser, M., Hopper, K., & Richman, R. (1983). Society, culture, and health. In D. Mechanic (Ed.), *Handbook of health, health care, and the health professions*. New York: Free Press.

Theorell, T., & Rahe, R. H. (1975). Life change events, ballistocardiography, and coronary death. *Journal of Human Stress, 1*, 18-24.

Wittrock, D. A., & Myers, T. C. (1998). The comparison of individuals with recurrent tension-type headache and headache-free controls in physiological response, appraisal, and coping with stressors: A review of the literature. *Annals of Behavioral Medicine, 20*, 118-134.

Worchel, S., & Shebilske, W. (1995). *Psychology: Principles and applications*. Englewood Cliff, NJ: Prentice Hall.

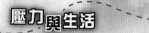

第四章

壓力的心理反應

學習目標

——研讀本章內容之後，學習者應能達成下列目標：

1. 了解壓力之心理反應的種類。
2. 了解壓力的行為反應。
3. 了解壓力的情緒反應。
4. 了解壓力的防衛反應。
5. 了解壓力的心理異常反應。

摘　要

　　壓力的心理反應，通常包括行為反應、情緒反應、防衛反應與心理異常反應等四種。行為是指個人的外顯活動，或是指可以被他人看得到、觀察得到的客觀活動。壓力的行為反應包括一般性行為（如吃、喝酒與吸菸，笑、哭或咒罵，工作、運動、遊戲或休閒，觸摸或性活動，說出來或沉思）和傷害性行為。情緒反應是壓力下的第一種反應與最常見的反應，壓力下的情緒反應主要為負面情緒，如怒、哀、懼、惡、憂等。

　　防衛反應就是佛洛伊德理論中的防衛機轉，所謂防衛機轉是指：人們在應付挫折情境時，為防止或降低焦慮與壓力時所採取的一些習慣性的適應行為。常見的防衛機轉有壓抑作用、否定作用、投射作用、反向作用、退化作用、補償作用、幻想作用、轉移作用、昇華作用與合理化作用。所謂心理異常，是指一般人所說的精神疾病。壓力下的心理異常反應，主要有情感症、焦慮症、身體形式症、睡眠症和適應症。

人們對壓力的反應型態，除了第三章所探討的生理反應外，另一種反應型態，就是本章所要探討的心理反應。壓力下的心理反應，通常又包括行為反應、情緒反應、防衛反應，與心理異常反應等四種。

第一節
行為反應

所謂行為（behavior），是指個人的外顯活動，或是指可以被他人看得到、觀察得到的客觀活動。例如，從理論上來說，人的跑步、游泳、看電視、讀書、上網查資料，甚或吸毒、做愛、飆車等都是可以觀察得到的，所以前述那些活動都是行為。人們為了能立即消除、緩和或降低壓力下的各種不適應感（如身體上的痛苦、生理上的不舒服以及生氣、緊張等負面情緒），大都會採取各種可被接受的一般性行為反應。倘若，壓力源非常巨大又持續一段相當長的時間，且當事人又無法即時去加以調適時，那麼就很有可能會出現諸如吸毒、攻擊他人或自殺等傷害性的行為。

一　一般性行為

㈠吃

吃大概是壓力下最常見的一種行為反應。在正常情況下，會比平常多吃一些東西（例如喜歡的零食），特別是在三餐以外的時間。例如，為考試而準備功課時，有人常會一手翻書寫字，一手則拿零食往嘴裡送。再如，筆者平常是不吃零食的，但在撰寫本書書稿時，由於壓力很大，所以常常一天書稿寫下來，也吃掉了為數可觀的 M&M 巧克力。像前述壓力源不會持續太長，且多吃的量和時間也不會太多、太長，則此種吃的行為反應是無傷大雅的。但如壓力源大且持續的時間又長，那麼當事人不只吃他喜歡的東西，連不喜歡的也會拿來吃，而且會一直

吃，像這種過度的吃，不僅會對身體健康造成重大的威脅，也是一種病態的行為。這個時候，除非壓力解除或調適得當，否則病態的吃將會很難消除或改變。

㈡喝酒與吸菸

在尋常的壓力下，平常有喝酒、吸菸的人，會多喝些酒、多吸幾根菸；平常沒喝酒、吸菸的人，這時常常會喝酒、吸菸；特別是對於正在戒菸的人，壓力一來，總是他們破戒的時候。當壓力愈來愈大，人們喝酒或吸菸的量也會愈來愈大。在電影裡，我們常會發現，在賭場豪賭的人總是人手一根菸（且一根接一根），在辦案的偵訊室裡也總是煙霧瀰漫；在現實生活裡，以撰稿維生的作家或當紅的八點檔電視編劇，也常常是頭號的大菸槍，就是這個道理。

㈢笑、哭或咒罵

例如，在離婚前，人們會以哭泣或大笑、狂笑以獲得短暫的慰藉；一位跑三點半的女企業主，或是貼身隨從因護己中槍而等在開刀房外的長官，都常會急著掉淚、哭泣，或痛罵抽銀根者或行兇者；甚或是，一般人在重大的心理衝突、挫折和急切的壓迫感下，常會詛咒外界一切，並罵盡天下蒼生萬物。

㈣工作、運動、遊戲或休閒

在壓力下，人們常會以更積極地投入工作，上健身房做健身操、有氧舞蹈，進休閒館做 SPA 或芳香治療、泡湯、游泳、看電影、聽音樂，甚或是無目的之 shopping，以去除或降低壓力。例如，科技大亨以在果嶺打小白球消除壓力，社交名媛以泡湯並用貝森朵夫鋼琴彈奏拉赫曼尼洛夫的曲子來減壓；知名女藝人則在工作壓力下，常會拉著經紀人或助理猛逛精品店、知名品牌的旗艦店，甚或遠赴巴黎、米蘭 shopping。

㈤觸摸或性活動

在亢奮或苦悶時，人們會做出一些觸摸或擁抱他人的行為；或處在緊張或低潮的人，也常會經由各種性愛活動（含自慰、看 A 片，及和充氣娃娃或情趣物品嬉玩），以尋求愉悅。

㈥說出來或沉思

例如，人們藉著和具有同理心的人或其重要他人（significant others，如父

母、配偶、子女等）談論他們的問題，或僅對他們發洩、抱怨，以降低緊張和煩躁；或在孤獨無助時，經深思熟慮後再去做他們想做的事，或去愛他們想愛的人。

二　傷害性行為

　　有某些特別重大、極端和突發的壓力源，這些壓力源又長期存在的情況下，則一般性的吸菸、喝酒行為可能會惡化成酗酒和吸食毒品，咒罵、詛咒的行為也可能會變成動刀動槍或偷搶等傷人傷己的傷害性行為。此外，在非常重大且幾近無法去調適或克服的壓力下，自殺也是一種常見的傷害性行為。尤其是現代的青少年前期（約略相當於國中時期），學生抗壓力特別弱，因此預防青少年前期學生的自殺，就成為輔導上的一個重要課題。事實上，自殺是有徵兆可循的，假如能在當事人出現自殺徵兆時，給予關心與輔導，將能顯著地減少許多自殺的憾事。青少年學生常見的自殺徵兆，有下述諸端（Orlandi & Prue, 1988）：

1. 沮喪或意志消沉。
2. 曾經威脅或企圖要自殺。
3. 閱讀或撰寫有關自殺的文章或文字。
4. 在學校失敗過或表現差勁。
5. 斷絕與朋友之間的關係。
6. 抱怨有疾病。
7. 衝動且懷有敵意的行為。
8. 做事天不怕、地不怕且不怕死。
9. 改變吃與睡覺的習慣。
10. 增加藥物、香菸或酒的使用量。
11. 有懲罰自己和他人的欲望。
12. 低度的自尊心。
13. 不能集中心力。
14. 找尋到曾經企圖自殺的人。

第二節

情緒反應

　　情緒反應是人們面對壓力源最初始與最普遍的反應，易言之，情緒反應是壓力下的第一種反應與最常見的反應。所謂情緒（emotion），從現代西方心理學的觀點論之，是指個體受到某種刺激所產生的一種身心激動狀態；情緒具有四個特徵（張春興，1991）：

1. 情緒為刺激所引起。

2. 情緒是主觀意識經驗。

3. 情緒狀態不易自我控制。

4. 情緒與動機有連帶關係。

　　從中國人的觀點來看，情緒就是「七情六欲」中七情的表達。儒家思想以喜、怒、哀、懼、愛、惡、欲為七情，佛家思想則以喜、怒、憂、懼、愛、憎、慾為七情；六欲則是指生、死、耳、目、口、鼻等六種慾念（三民書局新辭典編纂委員會，1989）。依七情六欲的內容論之，顯示出情緒是經由六欲所引發。

　　再從西方通俗心理學的觀點，例如，EQ概念的發明者高爾曼（Daniel Goleman）就指出，情緒包括下列各種分類（張美惠譯，1996，第318-319頁）：

1. **憤怒**：生氣、微慍、憤恨、急怒、不平、煩躁、敵意，較極端則為恨意與暴力。

2. **悲傷**：憂傷、抑鬱、憂鬱、自憐、寂寞、沮喪、絕望，以及病態的嚴重抑鬱。

3. **恐懼**：焦慮、驚恐、緊張、慌亂、憂心、驚覺、疑慮，以及病態的恐懼症與恐慌症。

4. **快樂**：如釋重負、滿足、幸福、愉悅、興味、驕傲、感官的快樂、興奮、狂喜，以及極端的躁狂（亢奮）。

5. **愛**：認可、友善、信賴、和善、親密、摯愛、寵愛、癡愛。

6. **驚訝**：震驚、訝異、驚喜、嘆為觀止。

7. **厭惡**：輕視、輕蔑、譏諷、排拒。

8. **羞恥**：愧疚、尷尬、懊悔、恥辱。

從前述各種有關情緒的不同內容與說明，可將情緒分成二類：

1. **正面情緒**：如喜、愛、快樂、羞恥等。

2. **負面情緒**：如怒、哀、懼、惡、憂、欲、憤怒、悲傷、恐懼、驚訝、厭惡等。

雖然，情緒有正面和負面兩種分類，不過一般所稱壓力下的情緒，指的都是負面的情緒。另者，當這些情緒朝向極端化時，就是本章第四節將要論述的心理異常反應，如嚴重抑鬱（即重鬱發作或憂鬱症）、恐慌症，和轉化症等。

就因壓力會產生許多如前述的負面情緒，而負面情緒對人們的生理和心理健康都會有不利的影響。職是之故，人們如能具有妥善處理情緒的能力，則對個體的生活適應將有極大的助益。因此，近些年來都非常強調有關處理情緒的能力，這種能力就是所謂的EQ（emotional intelligence）（精確的譯法應為情緒智力，而非一般人所稱的情緒智商或情緒商數）。EQ 包括下述五種能力（張美惠譯，1996），也唯有具備這五種能力，人們在壓力下才不至於出現太多的負面情緒反應，人們也才能趨向正面情緒而避開負面情緒。

1. 認識自身的情緒。

2. 妥善管理情緒。

3. 自我激勵。

4. 認知他人的情緒。

5. 人際關係的管理（人際關係就是管理他人情緒的藝術）。

第三節
防衛反應

　　防衛反應就是佛洛伊德（Sigmund Freud, 1856-1939）之心理分析（psychoanalysis）論中的「防衛機轉」（defense mechanism）。所謂防衛機轉，是指人們在應付挫折情境時，為防止或降低焦慮與壓力所採取的一些習慣性的適應行為（張春興，1989，第 179 頁）。由此論之，防衛反應不僅是壓力下的一種心理反應，同時也是壓力管理的方法之一。本章第一節與第二節所述的行為反應與情緒反應，都是在意識狀態下運作，然防衛反應則都是在潛意識狀態下運作。就相關的研究結果及臨床經驗顯示，適度使用防衛機轉有助於心理健康及人格的健全發展，惟如過度使用或將其當成是逃避現實的手段，則會造成人格的偏差，甚且會導致心理異常（mental disorder，詳見第四節）。防衛機轉的運作都具備下述二個特徵：

1. 它們都否認、曲解或扭曲現實。
2. 它們都在潛意識下運作，所以人們是無法加以控制的（Corey, 1991; Hall & Lindzey, 1978）。

　　常見的防衛機轉有下述諸種：壓抑作用、否定作用、投射作用、反向作用、退化作用、補償作用、幻想作用、轉移作用、昇華作用與合理化作用（徐靜，1975；張春興，1991；Corey, 1991; Hall & Lindzey, 1978; Ivey, Ivey, & Simek-Morgan, 1993; Laplanche & Pontalis, 1973）。

一　壓抑作用

　　所謂壓抑作用（repression），是指個體將不容於超我（superego）的慾念或不能被意識所接受的感情、衝動，從意識（conscious）境界抑制到潛意識（unconscious）境界中的歷程。壓抑作用是防衛機轉中最基本的方式，而且一旦形成就很

難以消除。易言之，壓抑作用就是把痛苦、不愉快的經驗或心情，及在現實世界中無法達成的欲望，在個人無法覺知的情況下，有目的性地遺忘（purposeful forgetting）。雖然被壓抑的事件，如今已不復記憶，但它因仍存在於潛意識裡，所以還是會深深影響著目前的行為。例如，與甲君出生入死、情同手足的乙君，在某次戰鬥中被炮彈擊中，此時為早上九時三十分，隨即被送入野戰醫院治療，由於傷重不治，醫生於二小時後的十一時三十分宣布乙君的死亡，在這段時間內甲君全程陪伴在側。該事件發生後，甲君就常在夢裡看到兩個時鐘，一個是指著九時三十分，但還走動的鐘，另一個則指著十一時三十分，但為靜止的鐘，其餘則一片空白，這段空白時間所有的事件，都被甲君壓抑到潛意識裡去了。

二 否定作用

否定作用是一種在運作形式上最為簡單的防衛機轉。所謂否定作用（denial），是指個體將已發生的不愉快經驗加以否認，藉以避免或消除該經驗所帶來之緊張或痛苦的歷程；也就是拒絕接受它們已發生或曾經存在的事實。易言之，否定作用是否認不好經驗存在的歷程，也就是說，人們藉著「否定」來逃避心理上的痛苦。俗諺所云的「掩耳盜鈴」、「鴕鳥政策」和「眼不見為淨」等，都是否定作用的表現。運用否定作用的人，不但否定了事實的存在，而且確信沒有這個事實；準此言之，如過度使用否定作用，就可能會產生妄想的異常行為。

三 投射作用

投射的原意，是指以自己的想法去推測他人或外物之現象的歷程；例如，「我見青山多嫵媚，青山見我亦如是」，或《莊子》裡看魚是否快樂的寓言，就是典型的投射心理。惟防衛機轉裡的投射作用（projection），是指個人將自己不為道德規範、人情世故或社會認可的慾念加諸在別人身上，藉以減少自己因擁有此慾念或缺點而產生焦慮的歷程。當某人常常特別強調或屢屢大聲疾呼「他是同性戀

者」、「他才愛女生」或「她紅杏出牆」時，這個人就是在使用投射作用；這個時候，被說的人很可能不是同性戀者、愛女生者或紅杏出牆者，但說話的人正可能這三者都是。投射作用通常有下述二個目的：

1. 使用比較小的危險來代替比較大的危險，藉以降低焦慮。
2. 使用保護自己的方法，以表達個人的衝動。

四　反向作用

　　所謂反向作用（reaction formation），是指個人在行為表現上，恰與其內心隱藏的慾念相反，藉以減少因欲望存在而產生焦慮的歷程。例如，用愛來取代恨，用最好的態度來對待他所最不喜歡的人都是。就因使用恨或不好的態度來表達個人內心的真正情感時，會引起負面的後果或遭致懲罰，所以當事人就拚命去控制這兩種情感，結果這兩種情感不但沒有表現出來，反而經由相反的方向，表現出愛與最好的態度，像此種現象或歷程就是反向作用。俗語中的「此地無銀三百兩」，流行歌曲中的「我的心裡只有你沒有他」，以及成語的「笑裡藏刀」等等都是反向作用的呈現。如前所述，吾人還真可說：「做人還真難，別人對你好，你還懷疑別人的好意是否帶有陰謀？」

　　那麼，我們又應如何去分辨，何者是反向作用的行為？何者又是真實的行為呢？一般而言，凡是以極端、誇張、重複、不尋常或強迫性的方式，所表現出來的行為或情感者，就很可能是反向作用下的行為。所以，一位不怎麼體貼的丈夫，忽然對他的太太又親又抱，又送進口玫瑰和 Prada 包包時；一位待人苛薄，訓人不留情面且嚴以待人、寬以律己的上司，突然對你打躬作揖，講話輕聲細語且面帶微笑，當看到你正在用鋼筆寫字，則說改天送你一枝萬寶龍（Montblanc）。當你碰到前述狀況時，為人妻者或為人屬下者先別得意、高興太早，而要仔細思量他們做此些行為的心理動機了。

五　退化作用

　　當人在幼稚時期，為了滿足某些需求或欲望時，常會表現出一些特定的行為來，當特定的行為一出現，就可能會滿足某些需求或欲望，進而減輕不愉快或痛苦。例如，小嬰兒肚餓口渴，一哭，媽媽馬上會將食物或飲料送進其小口內，這時小嬰兒肚飽口濕滿意地睡著了。又如，小孩孤單無助時，一叫「媽」，母親就會隨聲立即飛奔到身邊，他馬上就會得到安全感。當成人常常會出現這些行為（哭或叫媽）時，他可能就是在運用退化作用這種防衛機轉。所謂退化作用（regression），是指個人將自己的行為改以較幼稚的方式表達出來，藉以暫時獲得安全、滿足以消除焦慮之痛苦的歷程。換言之，當人們遇到挫折、危險或心不甘情不願的情境時，會放棄已學得的成人技巧不用，而恢復使用比較幼稚的方式去應付事情，以滿足自己欲望者，就叫做退化作用。像人一遇到重大挫折時的呼天搶地、直叫媽，或遇到困難時咬指甲（鉛筆）、吸吮手指，或一緊張就這邊也痛，那邊也痛（如頭痛、胃痛、肚子痛、手腳麻木等）等，都是退化作用的表現。此外，所謂的「考試症候群」（一到考試就出現頭痛、胃痛、緊張、睡不著覺等心身症狀）、「星期一症候群」（一到星期一就特別疲累，全身不舒服等現象）之形成原因，很可能都是過度使用退化作用的結果。

六　補償作用

　　所謂補償作用（compensation），是指個人因生理上或心理上的缺陷而導致焦慮或不適應感時，使用種種可被接受的方法以彌補缺陷，俾以減輕焦慮或不適應感的歷程。俗諺所說的「失之東隅，收之桑榆」，就是一種補償作用，適度使用補償作用，會產生正面、積極的結果；然如過度使用，就可能會造成無可彌補的遺憾。例如，一位個子矮小，受盡嘲諷、欺凌的人，運用努力上進，吃苦耐勞，忍人所不能忍求得事業成就，來補償生理上的缺陷，終能使這個人走出一片天地，

且一呼百諾，任何人都不敢再輕忽他的存在；中央研究院院士、史學大師許倬雲先生的學術成就，或許就是補償作用的最佳例證。再如，童年極端窮苦，嚐盡人間辛酸，旅途多乖、命運多舛，要什麼沒什麼的科技新貴，為了彌補幼年不堪回首的心理創傷，於是對其不知長進的兒子寵溺有加，要五百給五萬，要裕隆給寶馬（BMW），要SEIKO給Rolex，一遇任何疑難雜症，老子就立刻動用黑白兩道出面擺平，船過水無痕；最後的結局是，兒子敗光家產、惹禍上身又殃及老子。思及此，當使用補償作用時，實不得不慎矣！

七　幻想作用

　　所謂幻想作用（fantasy），是指當一個人遇到現實上之挫折或困難時，無法以實際、客觀的方法來處理這些挫折或困難的問題，就利用主觀、不切實際的想像方法，將自己與現實世界脫離，存在於幻想之世界中，用想像的情感、希望與策略來處理及因應心理上的挫折與困難，以得到內心之滿足與降低焦慮的歷程。

　　因為是使用想像的方法，所以幻想作用的歷程不必依照現實原則（reality principle），也不必遵循衍生性思考程序（secondary thinking process）來處理心理上的挫折或困難，而是使用原始性的思考程序（primary thinking process）來因應問題。一個受盡他人百般侮辱、欺凌又怨氣無處發的武俠小說迷，在對社會的公平正義徹底絕望後，他會幻想成自己是「張三豐」、「郭靖」、「張無忌」、「楚留香」或「小李飛刀」；一個成天沉迷於「王子公主從此過著幸福、快樂日子」的人，就很可能是在現實戀情中的失意人。

　　前述原始性思考程序與衍生性思考程序，都是佛洛伊德之心理分析論中相當重要的概念。原始性思考程序是人格結構中之「本我」（id）裡的精神活動，其活動歷程具有下述特徵（徐靜，1975，第12-13頁）：

1. 對一切事情之因果演變，均以情感、欲望為原動力，不考慮邏輯。

2. 沒有時間、空間的觀念，所以也不受時間、空間的限制。

3. 一切事情均以動作來表現。

4. 對於各種情感均未有仔細的分化，常以單純且極端之情感代表所有類似之一群情感。

5. 由於對事物之劃分不甚明確，很容易產生凝縮（condensation）、轉移（displacement）等現象。

衍生性思考程序則是人格結構中之「自我」（ego）裡的精神活動，其特徵如下述（徐靜，1975，第 14 頁）：

1. 以邏輯為其思考步驟，應用邏輯解釋事情之因果關係。

2. 以言語代替動作。

3. 各種情緒、觀念都精細分化，不再含糊不清，混為一體。

八 轉移作用

所謂轉移作用（displacement），是指當個人的需求或慾念無法經由直接的方式去獲得滿足時，就轉移對象以間接的方式去獲取滿足的歷程。例如，對某一對象之情感或慾念不為自己或社會所接受，所以就將其轉移到另一個比較可以被自己或社會所接受之對象身上，以減輕自己精神上的負擔、壓力或焦慮，就稱之為轉移作用。被轉移的對象可以是人、事、動物，也可以是無生命的物體。比方，王小弟的寵物是一隻拉布拉多犬，他與牠日夜相伴，形影不離，有一天拉布拉多犬走失了，王小弟就將對拉布拉多犬的情感轉移到一隻布娃娃狗上；在辦公室被直屬長官怒斥的先生，會將怒氣帶回家轉移到太太身上；再者，以咬指頭代替吸吮奶嘴等，也都是轉移作用的使用。

九 昇華作用

佛洛伊德認為，大多數偉大的藝術家之所以會創造出傳世與不朽的作品，常是因為他們將原始的性需求或攻擊衝動，昇華到創造性的行為上造成的。所謂昇華作用（sublimation），是指個人將不為社會所認可、接受的需求、衝動、慾念，

改以符合社會價值標準的方式來表現行為的歷程。昇華作用的行為，不僅可發洩或滿足自己原有的情感，也能將原有的需求、衝動、慾念導致比較崇高的方向去，而且這種行為通常都較具創造性及建設性。

十　合理化作用

人在說明或闡釋某個現象或事件時，如用「真理由」（考試沒考好，是因沒唸書）來表達時，可能會導致痛苦的結果（被老師或爸媽斥責），這時他就可能會使用「好理由」（因前一天發高燒，猛流鼻水致無法溫習功課，所以考試沒考好）去表達，以避免不必要的困擾或難堪。像此種以社會認可的好理由，取代個人心中的真理由，藉以減少現實情境之困擾或不愉快的歷程，就稱之為合理化作用（rationalization）。像「酸葡萄心理」與「紅顏薄命」等，都是合理化作用的推詞。

第四節
心理異常反應

所謂心理異常（psychological disorder 或 mental disorder），就是一般人所說的精神疾病（簡稱精神病，但不能稱為神經病）。絕大多數的心理異常，都是由極端與長期持續存在的壓力源所造成，而且人們對此等壓力源常欠缺管理或調適的能力。當然，有些心理異常是具有機體性的原因；例如，有些憂鬱症是因神經傳導物質出了問題才造成的。

壓力所造成的心理異常，最常見者有情感症、焦慮症、身體形式症、睡眠症及適應症等。本節所論述之精神疾病的評量指標與症狀，主要是取材自美國精神醫學會（American Psychiatric Association, APA）所出版的《心理異常診斷與統計手冊》〔*Diagnostic and Statistical Manual of Mental Disorders*（4th ed.）〕

（1994），本手冊簡稱為 DSM-IV。目前，世界上大部分國家之精神疾病的診斷與分類，大都是依據此手冊而來。精神疾病的臨床表現主要可分成如下述三種（孔繁鐘、孔繁錦譯，1996，第 2-3 頁）：

1. **輕度**（mild）：除構成診斷所需症狀外，少有其他症狀，且症狀僅造成社會或職業功能的輕微損害。
2. **中度**（moderate）：症狀或功能損害介於「輕度」及「重度」之間。
3. **重度**（severe）：症狀數目遠超過構成診斷所需，或有些症狀特別嚴重，或症狀造成社會或職業功能的顯著損害。

一　情感症

　　情感症在 DSM 第三版稱為 affective disorders，到了第四版才改稱為 mood disorders，但中文的譯名並無更易。所謂情感症，是指長期情緒狀態處於障礙的心理異常。由此推之，情感症就是情緒異常症，也就是情緒表達出了問題的精神疾病。在正常的情況下，情緒的表達有二大特徵：

1. **要合乎中庸之道，不能走極端**：例如，高興一下就好，生氣過後就要恢復正常，而不要動不動就「高興得要死，生氣得要命」。
2. **要有原因**：例如悲傷是因交往七年的女友跟我分手了，憤怒則是因長官獎懲不公、是非不明。倘若，毫無緣由地一下子哭一下子笑，則我們常會說那人是「神經病」。

　　大部分人的情緒表達，都能合乎上述二個特徵。假如，情緒的表達沒有原因也不需道理，完全隨興、突發來去，而且又走極端的話，再者，其症狀已經影響到正常的生活運作時，我們可說此人已經得了情感症。通常，情緒的表達沒有原因且極端亢奮者，稱為躁狂症；情緒表達沒有原因且極端消沉者，稱為憂鬱症；情緒的表達沒有原因，且一下子極端亢奮一下子極端消沉者，稱為躁鬱症。

　　情感症的主要症狀可分為三大類：

1. **重鬱發作**（major depressive episode）：臨床上稱由此發作而來的異常為憂鬱

症（depressive disorders）。

2. **躁狂發作**（manic episode）：臨床上稱由此發作而來的異常為躁狂症（manic disorders）。

3. **混合發作**（mixed episode）：臨床上稱由此發作而來的異常為兩極症（即躁鬱症）。

重鬱發作的症狀包括下述五（或以上）種：

1. 幾乎每日整天都有憂鬱的心情。

2. 幾乎每日整天都減少絕大部分有興趣或愉悅的活動。

3. 在沒節食的情況下體重銳減，或體重劇增。

4. 幾乎每日失眠或嗜睡。

5. 幾乎每日心理動作（psychomotor）混亂或障礙。

6. 幾乎每日疲累或失去活力。

7. 幾乎每日感到無價值或過度不適宜的罪惡感。

8. 幾乎每日思考或專注力減退，或無決斷力。

9. 一再思及死亡，一再有無特殊計畫的自殺念頭，或有自殺企圖，或有實施自殺的特殊計畫。

躁狂發作的症狀包括下述三（或以上）種：

1. 膨脹的自尊或自大狂。

2. 減少睡眠需求。

3. 比平常多話或不自主地講個不停。

4. 跳躍的觀念或有奔騰思考的主觀經驗。

5. 注意力分散。

6. 增加目標導向的活動或心理動作的激動。

7. 適度參與很可能會產生痛苦後果的愉悅活動。

混合發作的躁鬱症症狀包括下列所述：

1. 至少一星期內幾乎每日躁狂發作及重鬱發作。

2. 心情障礙嚴重到足以造成顯著的職業功能、日常的社會活動或人際關係之傷

害，或嚴重到必須住院以避免傷害自己或他人，或有精神病（psychosis）的特徵。

3. 症狀非由藥物或一般醫學狀況之直接生理效應所引起。

 **二 焦慮症**

所謂焦慮（anxiety），是指由緊張、不安、焦急、憂慮，和恐懼等感受所交織而成的複雜情緒狀態。任何人都會經驗到，自己可以忍受而不會影響生活運作的前述各種情緒，這是屬於正常的焦慮程度或範圍；惟當焦慮程度嚴重到自己無法負荷，且會影響到正常生活之運作時，就稱為焦慮症（anxiety disorders）。焦慮症主要的種類有恐慌症（panic disorders）、懼曠症（agoraphobia）、社交恐懼症（social phobia）、強迫症（obsessive-compulsive disorder）、廣泛性焦慮症（generalized anxiety disorder）、創傷後壓力症（posttraumatic stress disorder, PSTD）等六種。

㈠恐慌症

恐慌症又分成許多種，惟其都具有恐慌發作（panic attack）的共同特徵。所謂恐慌發作，是指在一不連續的期間內有高度的恐懼或不舒服感，突發下述四（或以上）種症狀，並在十分鐘內達到最高點：

1. 心悸、心怦怦跳或心跳加快。
2. 出汗。
3. 發抖或顫慄。
4. 呼吸急速短促感。
5. 哽咽感。
6. 胸痛或不舒服。
7. 噁心或腹部不適。
8. 感覺暈眩、不穩、頭昏或無力。
9. 失去現實感或疏離自己。

10. 害怕失去控制或將發狂。

11. 害怕將死亡。

12. 感覺異常。

13. 冷顫或臉熱潮紅。

㈡懼曠症

所謂懼曠症，是指置身於空曠場合或情境時，會產生非預期的恐慌發作，甚至會發生可能無法逃脫或求助之現象者。

㈢社交恐懼症

所謂社交恐懼症，是指出現在社交場合，會因擔心、害怕自己因行為失當而產生高度緊張感、羞辱感或困窘者。

㈣強迫症

所謂強迫症，是指會不由自主地重複去做或想某一件事，雖然當事人明知如此做或想是不好的，但是卻無法停止去想或做者。強迫症又分成兩種：

1. **強迫行為症**：例如，某君每隔五分鐘洗一次手；某大跨國企業千金一身 Prada、Channel、Gucci 等名牌，包包內信用卡數以十計，但每到精品店、百貨專櫃逛街就會手癢，不「拿」（不告而取且不埋單）就不爽，甚至渾身焦慮不安。凡此皆為強迫行為症之顯例。

2. **強迫思想症**：例如，一直認為總有人在跟蹤他，並且要算計他；一直認為肝臟內被商場競爭者放入三公斤的高純度海洛英，並因之而每天打電話報警要自首藏有毒品。

㈤廣泛性焦慮症

所謂廣泛性焦慮症，是指在任何時間、任何地方對於任何事情都會產生高度擔憂、不安或害怕者。即所謂的「無時不怕，無事不怕」。

㈥創傷後壓力症

此症是由極端的壓力事件（如地震、戰爭或目睹經歷極端震撼人心的事件）所引起。所謂創傷後壓力症（請注意，不是一般人所稱的創傷後壓力症候群），是指當人經驗到或目擊（不論是偶然主動或被強迫）到會嚴重威脅自己或他人生

命或身體完整之事件後，所產生強烈害怕、無助感或恐怖感受的一種精神疾病。
此症的症狀包括下列諸項：

1. 難以入眠或難以維持睡覺狀態。

2. 容易發怒或容易爆發憤怒的情緒。

3. 注意力難以集中。

4. 警覺性過高。

5. 過度的驚嚇反應。

　　有一位採訪 1998 年 2 月 16 日大園空難的記者，因目睹滿地不全屍塊的慘狀，
自此該記者夜夜惡夢，脾氣暴躁，甚至一看到飛機或聽到有關空難的事物，都會
有逃避或極度驚恐的反應。再者，2003 年 4、5 月間 SARS 大流行期間，有一位
照顧 SARS 病患的護理人員，因目睹病患在鬼門關前掙扎或往生，及其時人際關
係的冷酷與無常，在 SARS 緩和後，竟出現智能退化至七歲的程度，且出現嚴重
情緒低落和極度害怕、退縮的症狀，甚至無法一個人獨立生活。前述二例的主角，
可說都呈現了創傷後壓力症的典型症狀。

三　身體形式症

　　所謂身體形式症（somatoform disorders），是指由心理問題轉化為身體（生
理）症狀，卻又找不到醫學上之臨床原因的一種精神疾病。例如，被迫目睹同袍
被敵方斬首剖肚而亡的士兵，突然間眼睛看不見任何東西；然那位士兵的暫時性
失明，卻查不出任何生理上的病因。常見的身體形式症有轉化症與慮病症二種。

㈠轉化症

　　所謂轉化症（conversion disorder），是指由心理問題經心理作用轉化成生理
症狀的精神疾病。本症俗稱歇斯底里症（hysteria），是身體形式症中得病率較高
者，也是身體形式症中最基本的型態。轉化症的症狀包括下列各種類型及其混合
型：

1. **運動症狀或功能喪失**：如自主運動之平衡或協調障礙、麻痺或局部肌肉衰弱、

吞嚥困難、失聲及尿滯留。

2. **感覺症狀或功能喪失**：如失去觸覺或痛覺、複視、失明、失聰及幻覺。

3. **癲癇或痙攣**：自主運動或感覺成分的癲癇或痙攣。

　　轉化症與心理因素有密切的關聯，特別是在症狀初發或惡化之前有衝突或其他壓力源的出現。轉化症常發生在生活上遭受重大情緒壓力事件之後，而且病情常是突發的；再者，轉化症的患者，雖然身體上有明顯的症狀，然由催眠或在自然睡眠的情況下，其症狀或功能缺失就會消失（張春興，1991，第 639 頁）。

(二)慮病症

　　所謂慮病症（hypochodriasis），是指因對個人身體症狀的錯誤解釋，以致過於專注害怕正罹患或相信已得到某一種嚴重疾病（事實上，當事人並未得病）的心理異常現象。儘管經適宜的醫療評估及醫師的再三保證，都稱患者並未得病，然患者此種不當的專注想法，仍舊會持續。

四　睡眠症

　　所謂睡眠症（sleep disorders），是指睡眠障礙或睡眠異常的一種症狀。與壓力有關的睡眠症主要有下列諸種：

(一)原發性失眠症

　　原發性失眠症（primary insomnia）主要的症狀是難以入睡、難以維持睡眠（即睡後易醒），或睡眠無恢復性（nonrestorative）（即睡醒後仍感疲累且未恢復體力）等現象，而且至少已有一個月。

(二)原發性嗜睡症

　　原發性嗜睡症（primary hypersomnia）的最大特徵是患者極端的想睡覺，總是覺得睡眠不夠的現象已延續一個月；本症最明顯的症狀，是幾乎每日的睡眠時間都延長或白天睡眠。

(三)夢魘症

　　夢魘症（nightmare disorder）主要的症狀是在睡眠期間或打瞌睡中一再地驚

醒，並清晰地記得深度與極端恐怖的夢，這些夢通常威脅著生存、安全或自尊。前述的驚醒通常都發生在睡眠期間的後半段。患者由恐怖夢中驚醒後，可迅速地達成定向（oriented）並保持著機警（alert）。

㈣睡眠驚恐症

睡眠驚恐症（sleep terror disorder）的主要症狀是一再地從睡眠中突然驚醒，此現象經常發生在睡眠期間的前三分之一時段，一開始並伴隨著一聲驚慌的尖叫。此症在每一次發作時，都會有極度害怕及如心跳過速、呼吸急促與冒汗等自主神經激動的徵象。再者，本症患者完全記不得夢中的細節，也對發作期間的種種事物產生健忘。

五　適應症

適應症（adjustment disorders）是指個體對一個或數個可確認的壓力源（identifiable stressors）產生反應，並在壓力源出現後三個月內發展出情緒或行為症狀的精神疾病。適應症不包括喪親之痛（bereavement），而且在壓力源消失後，症狀不再延續另外六個月。適應症的主要症狀有：⑴伴隨憂鬱心情；⑵伴隨焦慮；⑶伴隨焦慮及憂鬱的混合心情；⑷伴隨品行障礙；⑸伴隨情緒及品行混合障礙。

除了前述的各種病症外，重大的壓力也會令人罹患較為少見的縱火狂（pyromania）或拔毛癖（trichotillomania）等精神疾病。拔毛癖患者會一再地拔掉自己身上的毛髮，造成顯著的毛髮短缺。拔毛癖者在拔毛之前的短暫時間或欲抗拒拔毛行為時，會增加緊張和不安感，惟在拔毛時會深覺愉悅、滿足或安全感。

關鍵詞彙

行為	情感症
一般性行為	重鬱發作
傷害性行為	躁狂發作
情緒	混合發作
正面情緒	焦慮症
負面情緒	恐慌症
EQ	懼曠症
防衛反應	社交恐懼症
防衛機轉	強迫症
壓抑作用	廣泛性焦慮症
否定作用	創傷後壓力症
投射作用	身體形式症
反向作用	轉化症
退化作用	慮病症
補償作用	睡眠症
幻想作用	原發性失眠症
轉移作用	原發性嗜睡症
昇華作用	夢魘症
合理化作用	睡眠驚恐症
心理異常	適應症

自我評量題目

1. 壓力有哪些心理反應？試申述之。

2. 試述壓力的行為反應。

3. 試述壓力的情緒反應。

4. 試述壓力的防衛反應。

5. 試述壓力的常見心理異常反應。

6. 在壓力下你最常見的心理反應為何？試申述之。

 參考文獻

三民書局新辭典編纂委員會（1989）。**新辭典**。台北：三民書局。

孔繁鐘、孔繁錦譯（1996）。**DSM-IV：精神疾病診斷準則手冊**。台北：合記圖書出版社。

徐靜（1975）。**精神醫學**。台北：水牛出版社。

張美惠譯（1996）。**EQ**。台北：時報文化出版公司。

張春興（1989）。**張氏心理辭典**。台北：東華書局。

張春興（1991）。**現代心理學**。台北：東華書局。

American Psychiatric Association. (1994). *Diagnostic and statistical manual of mental disorders* (4th ed.). Washington, DC: Author.

Corey, G. (1991). *Theory and practice of counseling and psychotherapy* (4th ed.). Pacific Grove, CA: Brooks/Cole.

Hall, C. S., & Lindzey, G. (1978). *Theories of personality* (3rd ed.). New York: John Wiley & Sons.

Ivey, A. E., Ivey, M. B., & Simek-Morgan, L. (1993). *Counseling and psychotherapy: A multicultural perspective* (3rd ed.). Boston: Allyn and Bacon.

Laplanche, J., & Pontalis, J. (1973). *The language of psychoanalysis*. New York: Norton.

Orlandi, M., & Prue, D. (eds.). (1988). *Encyclopedia of good health: Stress and mental health*. New York: Facts on File.

第三篇
壓力實務

第五章

一般成人的壓力與生活

學習目標

——研讀本章內容之後，學習者應能達成下列目標：

1. 了解感情婚姻壓力來源。
2. 了解感情婚姻壓力因應的方式。
3. 了解工作壓力來源。
4. 了解工作壓力因應的方式。
5. 了解經濟壓力來源。
6. 了解經濟壓力因應的方式。

摘　要

　　本章內容主要是成人的壓力與生活，因此章節是以一般成人經常面臨的壓力為撰寫之重點，筆者歸納一般成人壓力，分為感情、家庭婚姻、工作生涯及經濟理財等四大方面壓力。感情壓力有找不到理想對象、暗戀、分手等壓力源。家庭婚姻壓力有缺乏溝通或性格不合、性關係不佳、婆媳問題、教養子女、外遇、離婚、家庭暴力等壓力源。工作生涯壓力有工作負荷過重、角色衝突、人際關係、擔心飯碗不保等壓力源。經濟的壓力有理財、失業等壓力源。在每一個成人壓力事件後，筆者也提出建議及因應之道。

本章內容主要是成人的壓力與生活，因此章節是以一般成人經常面臨的壓力為撰寫之重點，筆者歸納一般成人壓力，將之分為感情、家庭婚姻、工作生涯及經濟理財等四大方面壓力。在每一個成人壓力事件後，提出建議及因應之道。

第一節
感情壓力

根據生命線歷年的統計，個案求助最多的類型，就是「男女感情」，可見男女愛情雖是人間最甜美的回憶，相對的卻也是最苦澀的經驗。若是雙方處理不好，或是性格異常，還有可能發生各種意外事件。在感情壓力部分，分為找不到理想對象、暗戀、分手等壓力。

一　找不到理想對象

惠茵已年近三十，家住南部，一個人在台北上班，自大學畢業後將近八年時間，都過著相同類似的日子，每天上班下班，假日偶爾與同學同事出去逛街郊遊。這八年間雖碰到還不錯的男孩，但都是約會一、兩次就無下文，惠茵每次回南部時，家人的關心已變成她莫大的壓力，她心裡也清楚，隨著時間的流逝，她擁有的機會愈少。但 Mr. Right 就是未出現。參加同學的婚禮時，也是她最尷尬的時候，認識的人最常說的就是「什麼時候喝妳的喜酒？」「下次輪到妳嘍！」最近她連同學結婚或聚會的場合，都想逃避……。

進入適婚年齡的男女，除了抱定不婚主義或身為同志外，大多數的人都想找一個對象，共同攜手走向地毯另一端，開創幸福人生，無奈生活圈子裡一直找不到理想對象。也許是因為工作忙碌，沒有時間約會經營感情，或是看了太多婚姻失敗的案例，總覺得一定要慎選，不然寧缺勿濫，或是一直認為不急不急，等到驀時回首，青春歲月就這樣蹉跎過去了，這種種原因，都可能造成適婚男女找不

到理想的對象。

　　隨著時間不斷流逝,適婚男性與女性的情形稍有不同。根據「婚姻斜坡論」的說法,男女雙方在尋找對象時,男方多半尋找條件與自己相同或稍差者,例如身高比自己矮、體重比自己輕、學歷收入比自己差的人。女方則剛好相反,尋找的對象則是條件與自己相當或是比自己好的人。在這種情況下,條件愈好的女性(如學歷愈高、身高愈高、社經程度愈高者)及條件愈差的男性選擇的範圍就愈小,尋找理想對象的機會就愈少。2003 年 3 月份的《天下》雜誌做了一份研究,台灣每八個新生兒,有一個是外籍新娘所生,這些新生兒的父親多半是鄉村子弟或是身體心理有部分缺陷者的弱勢族群。同時在大都會地區,有許多條件優秀,受過高等教育,超過適婚年齡的女性,一直找不到適婚對象,部分反映了婚姻斜坡的現象。

　　因此處在已達適婚年齡,心裡著急卻還在尋尋覓覓的男女,可將自己想結婚的訊息公告親友,請他們多幫忙留意;社會上正牌經營的婚友社,也是可以考慮的管道;對於自己原來堅持的條件,不妨有彈性處理,如某位具有博士學位高社經地位的女性,在偶然的機會,認識大學畢業的公務員,兩人交往一段時間後,彼此情投意合,結婚後琴瑟和鳴。但若是透過各種管道,仍舊找不到適合對象,就應學著快樂地經營自己的人生,畢竟單身也有許多優點,且說不定自己敞開心胸,快樂面對人生時,月下老人自動會找上門。

二　暗戀的壓力

　　暗戀又稱單戀,一般而言感情是雙方面的事,但暗戀則是單方面的愛戀對方,不敢或不願讓對方知道。這種情形最常見於青春期情竇初開的男女,遇上自己喜歡的對象,每天朝思暮想,白日夢及夜間做夢都有對方的影子,但對方卻毫不知情。暗戀的原因通常為:⑴自卑,怕表達後對方不能接受,覺得自己配不上對方;⑵覺得自己條件與對方太過懸殊,根本就是不可能的任務,只好將愛意深藏心裡。因此會產生暗戀者,多半對自己較無信心或較內向,認為表白心意後不會成功,

倒不如偷偷放在心裡，還可以維持較久時間。

　　暗戀者可理性評估自己與對方的這段關係可能性有多少，若是完全不可能（例如對方是已婚者），則可將注意力轉移到其他方面，或是其他對象。若是評估還有可能性，則需鼓勵自己，勇敢表達，不管最後結果如何，都算成功。因為勇敢面對自己的壓力，予以有效的處理，這種能力的培養，更形重要。

 ## 三　分手的壓力（情敵）

　　男女交往，到最後只有兩種結果，一是結婚，一是分手。根據研究結果，初戀者幾乎90%是以分手收場。已婚者結婚的對象，多半是交往三、四次以上的。因此談戀愛最後以分手收場，應是很平常的事情。但是也最容易發生各種激烈意外，甚至自殺殺人狀況。打開每天的報紙或電視新聞，充滿了這一類新聞，例如「1998年轟動社會的清大女研究生，以王水殺人」、「警察與女友交往一段時間，女方提出分手，憤而槍殺女友然後自殺」、「某社區男子，因不滿女友另結新歡而要求分手，引爆縱火情殺，同歸於盡」、「某大學女生因故要求分手，男方不同意，又見無力挽回，於是潑她強酸毀容」等。這類案例都說明了當兩人感情生變時，另一方無法接受，由愛生恨的強烈報復心理。

　　談戀愛的過程，雙方先由外在的吸引、接觸、了解，進而到內在深層的互動，許多情侶在這段過程中，會愈來愈感到彼此不適合，相處時愈來愈痛苦，也許因為價值觀、生活方式不合，或是彼此期望差距太遠等，到最後只有走上分手一途。當雙方都有分手的想法，事情比較容易解決。最常見的壓力事件是一方提出分手，另一方並不願意，也就是俗稱甩人或被甩，主動提出分手者，因為站在主動地位，是控制局面的人，壓力較小，情緒較容易處理；被迫要分手者，完全處於被迫地位，只能被動地因應處理，情緒較難平復。上一段所談的社會案例中，都是被迫分手，心有不甘，想挽回無效後，所做出的激烈報復、玉石俱焚的行為。

　　男女雙方分手後，常見的想法有「我又沒做錯什麼？他為何如此對我？」、「他一定是另結新歡，不然為何要與我分手」、「我的心已死，我再也不可能找

到如此相愛的人」、「我在他（她）身上用情如此深，我得不到的，別人也休想得到」、「只要我改變（或做些什麼），說不定他（她）會回心轉意」等，這類的想法不斷在心中盤旋縈繞。情緒的反應有悲傷、憂鬱、痛苦、不滿、傷害、氣憤，甚至報復等，表現在外在的行為有魂不守舍、心不在焉、功課（工作）表現低落、容易發生交通意外等。這些症狀，都可說是分手症候群。

有人說分手最好的治療劑就是時間，但是每個人所需的時間長短不一，分手症狀持續的時間，要視個人性格、想法、有無採取正確因應措施而定。一般而言，性格較開朗、平日社交生活正常、朋友較多者，較易轉移注意力。其次，想法偏向認命型或容易接受現狀型，如「我倆無緣」，或是「既然不合適，就應該要分開。不論誰被甩，早分比晚分好，現在痛苦總比結婚再離婚好」等想法者，也比較容易走出情變的陰霾。還有些人以工作忙碌、暫時轉移生活目標、找朋友傾訴、藉由書寫來抒發心中苦悶、昇華自己的感情等都是有效的措施。症狀較為嚴重者，如失眠、心中報復念頭不斷、無法正常生活者，一段時間未見改善，就必須尋求專業心理諮商人士的幫助，及早脫離困境。

第二節
家庭婚姻壓力

一　缺乏溝通或性格不合

男女雙方為何會溝通不良呢？其因由何在？原因是來自於不同的家庭背景、不同的教育、生活習性的差異、價值觀、信仰、認知、個性上各種差別，還有興趣和嗜好上的不同，對事物的看法及金錢的使用上有不同的看法，以及對表達、溝通上的語氣和態度有不同的落差，都會造成衝突及不和諧。故不論是熱戀中的男女或是已婚的夫妻，個性不合或缺乏溝通都是分手最重要的原因之一。例如，

一位丈夫原生家庭是典型的大家庭,男女分工非常清楚,絕對服膺「男主外女主內」,家中大小事情都由父親掌權,母親純粹是家庭主婦。因此,他從小就認為男子漢大丈夫須負責家庭生計,是管大事的,不應該做家務,掌握家中的財產大權本是應該的。而妻子的原生家庭是小家庭,父親經常幫忙母親做家務,所以男女觀念較平權,認為丈夫幫太太做家事是天經地義的,這對夫妻對家事的分工有不同的看法和要求,因此經常發生衝突。還有些夫妻,彼此個性南轅北轍,先生愛買東西,家中堆積如山,床頭放滿,就堆放地上;地上堆滿,就占走廊。妻子認為錢要花在刀口上,不必要的東西買回來不但浪費,還使得家中凌亂不堪,疲於打掃整理,於是每次出門或旅行,丈夫一買東西,兩人就開始吵架。妻子對先生這種浪費金錢、不改壞習慣的行為恨得牙癢癢。

還有些夫妻溝通的障礙來自性別的差異。一般而言,女性在情感抒發及人際親密的需求比男性強烈;故女性在溝通時,其重點並不一定要對方有解決問題的答案,而是希望對方聆聽、關懷,給予情緒的支持。而男性多半認為,太太向我吐苦水,當然要協助其解決。因此當太太向先生分享工作中的痛苦挫折,先生趕忙給一大堆建議,但都不是太太所需;太太只不過想找人訴說,紓解心中壓力而已。而先生也會感覺,每次太太說要和我「溝通」的時候,我實在搞不清楚她要什麼?女人真難懂,溝通好像審問一般,要我把心裡的話全盤托出,實在很有壓力,所以每次一聽到太太說要「溝通」,就想奪門而出!因此「溝通不良」在夫妻相處中是很普遍的現象,它會使兩個原本相愛的人彼此傷害,造成退縮、冷漠的關係,甚至可能導致最終的隔絕與離異。

有時兩人缺少溝通與性格有關,有人生來就不喜歡用語言來表達,再加上害羞,沒信心堅持自己的意見,特別是兩人性格一強一弱,性格弱的一開口就被對方封住。久而久之,就不願意開口表達意見。有的夫妻,對方一開口就批評和指責,馬上變成帶火氣的爭論,沒辦法溝通。還有些夫妻溝通困難,在於認為用不著說對方應該明白,只要能心神領會即可。其實愈是自己人愈需要常交談,表明意思,分享感受。

一般而言,夫妻溝通有三種功能:(1)相互傳遞信息,讓對方知道發生了什麼

事情，雙方共享和面對所發生的事情，感到夫妻是一體的；⑵徵求、表達意見，商量解決處理事情的辦法；⑶夫妻間的溝通還有一個重要功能，就是隨時讓對方知道你對他的感情，表白你的欣賞、喜愛與專情，這樣才能維持和鞏固夫妻感情。感情上的表達，並非靠口頭說話，還要有表情、動作或其他非語言的表達，但是有時候直接稱讚自己的配偶，表示愛慕也是很重要的。

　　若沒能在溝通上有效地化解，那積壓下來的怨恨、不舒服和怒氣，總有一天爆發時就難收拾，嚴重的造成離婚，不然就是貌合神離，同床異夢，雖然一起生活，但如同生活在人間地獄。反之，假使溝通良好，夫妻情感融洽，那家庭生活即如人間樂園，世上的天堂。

　　如何做有效溝通，以建立一個有愛又幸福的家呢？

1. **聽及禮讓**：尊重對方把話說完，不從中打岔，說話的語氣和態度要柔和，柔和的話語可熄滅對方的怒氣，暴怒的話語容易產生衝突。當對方發怒生氣時，先讓一下，等其情緒穩定後，再進行溝通。盡量不嘮叨，過去陳年往事，千萬不要舊事重提，清算舊帳。

2. **適當稱讚與撒嬌**：有句俗語說：「一次的責備，需要四次鼓勵才能彌補。」而稱讚就是欣賞對方，看到對方具體的優點又給予回應，使對方得到肯定。輕柔的接觸撒嬌，可化解不良衝突，又可恢復溝通良機。

3. **製造良好氣氛來溝通**：談情要選擇有氣氛的地方，夫妻溝通也是。多利用紀念日、生日、結婚、母親節、爸爸節、孩子們的生日，家人相聚以增進情感，同享晚餐。

4. **有全家共同相處的家庭時間**：家庭時間、家人可相聚的時候，大家坐下來喝茶聊天，是溝通的好時機。對於家庭的兒女教育、經濟以及其他事務，先談好一些大原則，以免造成意見差異而影響溝通和情感。這段時間內，也可討論家事的分工，全家共同合作，彼此配合，除了將家事有效完成外，也能增加彼此感情。

5. **彼此協助對方成長**：如此才不至於造成溝通上差距漸大，先生工作需要不斷進修，工作中的太太和在做家管的太太，也要找時間學習、進修，以免落伍，

跟不上時代潮流，和先生及孩子對話產生代溝，就會影響有效的溝通和情感。除了多與家人對話互動之外，找時間和幾個家庭互動，也有助於成長和溝通，並有利於家人。

 ## 二　性關係不佳

根據美國加州婦產科學會的性學專家發表的報告中指出（引自游乾桂，1990，第148頁），性絕非生物的發洩作為，而是愛與歸屬的具體表現。成熟的夫妻，應該輕鬆而有默契地配合。反觀我國，一向將性生活視為婚姻高度隱私，不易為外人道也。據筆者多年來的諮商經驗，夫妻間性生活品質會造成婚姻的壓力，也與婚姻良莠有密不可分的關係。

夫妻間性關係不佳的原因有許多：(1)彼此間性觀念不同，例如一方觀念開放，每每希望嘗試新的姿勢花樣，另一方觀念保守，視性為畏途，希望快點結束；(2)無法體恤對方的需要，例如女方多半希望有前戲、男方動作溫柔緩和些，但男人因為生理需要急需滿足，往往只顧滿足自己需求，一等完事後，就呼呼大睡，這時也許女方的性慾才剛被喚起，久而久之，使女方視性為畏途；(3)女方將性關係作為要脅工具，有些太太將性當作掌控先生的工具，先生做到太太滿意，太太晚上才「施捨」，久而久之，先生會產生莫大壓力；(4)彼此的性需求不同，如一方索求無度，一方不堪負荷；(5)彼此間溝通問題，雙方平日的觀念行為、價值觀就存在許多歧見，更有些夫妻，懷疑對方不貞，甚至怕對方將性病傳染給自己，雙方充滿懷疑不信任，性生活更難得到滿足。

因此，夫妻之間溝通不良是影響性生活的主因，性需求不敢明白告訴對方的原因，是擔心引來配偶的嘲謔，或是不好意思說出口。但大多數的夫妻都表示，自己絕對不可能嘲笑配偶，因為性是天經地義的事，認為「如果你真愛我，就應該知道我需要什麼？如何才會舒服快樂」，這是夢幻也不真實。真實的人生需要雙方不斷溝通、嘗試，主動提出自己的感受及需求，雙方藉由愛的關係，逐漸摸索嘗試，終有達到滿意的可能。

三　婆媳壓力

　　麗珠一直是職業婦女，自從結婚後，每天過著膽顫心驚的日子。婆婆生活作息規律，早晨六點起床煮稀飯、打掃家裡、洗衣服，雖然沒有明白要求她要跟著做，但只要麗珠沒有在旁幫忙，婆婆的臉色就擺了下來。前幾天麗珠實在忍不住，把自己結婚三個多月的感受告訴先生，說到傷心處，不禁痛哭失聲，先生心疼老婆，於是找媽媽溝通，沒想到婆婆一聽完先生的說法，馬上老淚縱橫地罵著先生說「我就知道你娶了媳婦忘了娘，才結婚三個多月，就只會幫著老婆說話，我又沒有要求她做事，她不高興可以不要做嘛！」先生談完後更加有挫敗感，夫妻倆壓力更大。

　　傳統農業社會，女性嫁雞隨雞、嫁狗隨狗，嫁入夫家，一切都要聽從婆婆的安排，所有生活作息、做事規矩、個人喜好，都得要忍氣吞聲，學會察言觀色，凡事逆來順受，才能獲得婆婆喜愛。等到多年媳婦熬成婆之後，歷史又再重演。現代婦女，教育程度、社會地位較高，女性意識抬頭，三代同堂不似從前普遍，婦女面對婆媳壓力比以前輕微，甚至婆婆的壓力不亞於媳婦。因此在現今社會來說，婆媳產生問題，有壓力的不僅是婆婆和媳婦，先生處於母親和太太之間，壓力感更大。

　　產生婆媳問題的原因有：⑴雙方家庭價值觀、生活方式，及做事方法不同，例如婆婆非常節省、愛乾淨，認為一定要在家開伙，才符合省錢衛生的原則，媳婦認為工業時代，一切講求方便，不必花這麼多時間在廚房，久而久之，大小事情溝通不良的結果，成為二人心結。⑵婆婆的性格屬於高壓全控型，全家大小都由她發號施令，全面管轄，先生從小到大，都習慣聽從媽媽的話，從沒想過有任何不對的地方。結婚後，婆婆的管轄權自然延伸到媳婦，當媳婦表達不同意見，婆婆感受威脅，一場婆媳大戰不可避免。這時的態度和立場就成為主要決定的關鍵。⑶結婚前婆婆對媳婦就抱持相當的成見，例如，省籍、長相、家世不合婆婆要求，婚後更從大小事不斷驗證自己當初的看法是對的，婆媳關係更加惡

劣。⑷媳婦身心不夠成熟，結婚之後，有意無意地批評婆家，慫恿先生，使先生與婆家關係逐漸遠離冷淡，漸行漸遠。

婆媳問題可以分為分住或同住兩種，若小家庭與公婆不住在一起，雖然彼此有心結，或是雙方的生活方式迥異，因為平日難得在一起，節日或假日才見面，這樣的關係還算是容易維持。但是若住在同一個屋簷下，每天朝夕相處，就不那麼輕鬆了。自己的牙齒還會咬到舌頭，更何況是與自己毫無血親關係的人住在一起，關係親如一家人。有位鄉下婦女，被公婆妯娌不斷惡言相向，最後申請離婚。因此建議雙方心胸要開闊，不要有成見，多接收新的觀念，當公婆者，要以疼愛女兒的心情來對待媳婦，常常以同理心來感受媳婦嫁到一個全新家庭的心理。做媳婦的更要「愛屋及烏」，將公婆視為自己的父母親來孝順，多替老人家想，了解他們的需要及心裡的感受。做先生的，更要扮演好媽媽和太太之間的橋樑，協助太太多了解自己的家庭規則、家人喜好、個人性格，使太太可以減少錯誤，盡快融入家庭；和母親溝通時，多讓母親了解妻子的個性、原生家庭，讓他們能多包容體諒，減少雙方產生誤會及不愉快的機會。

「三代同鄰」也是一種解決婆媳壓力的方式，因為彼此可以就近照顧又不會互相干擾，也可以擁有各自的生活空間。老一輩的人不要認為不住在一起就是不孝順，孝順有許多不同的方式可以表現。

四　教養子女壓力

常聽到許多家長說「現代父母難為，想當年我們小時候，哪有這麼好命，現在的孩子，幫他做這麼多，不但不感恩，還嫌我囉唆」、「小孩長大了、翅膀硬了、管不動了」等等。從懷孕、小孩呱呱落地開始，父母的責任、壓力、喜悅就開始了，隨著孩子的年齡成長，每個階段有不同的壓力及喜悅。

許多父母記憶最深刻的是孩子嬰兒階段，每天晚上起床泡牛奶、換尿布，碰到孩子半夜發高燒，驚惶失措抱著孩子往醫院衝的情景。到了兒童期孩子上幼稚園，每天的接送工作不可少，這時也開始才藝的學習，看到別人的孩子學鋼琴、

學美術、學心算、學電腦……，我家的孩子適合學什麼？若漏掉一樣沒學，他會不會輸在起跑點上？學校安全不安全，會不會被綁架或發生意外？他的身高、體重和別人比較，是否太重、太輕？太高、太矮？到了小學，正式進入學校，又開始擔心孩子的成績是否跟得上？學校人際關係好不好？到了國高中，進入人生的狂風暴雨期，父母發現孩子頂嘴次數增多了，自己說的話愈來愈沒有影響力。這時最怕孩子交到壞朋友，不愛唸書，將來考不上好學校。到了二十歲左右的成人期，唸大學的孩子，擔心他交異性朋友？有也擔心無也擔心。就業以後，又煩惱會不會失業？有無發展性？和同事老闆相處如何？就算孩子結了婚，自組家庭，父母仍會擔心他婚姻幸福與否？賺的錢夠不夠？因此只要為人父母，子女教養就是一輩子，其中有苦也有樂。

余漢儀（1993）對台北市托兒所家長做調查，發現約 28% 的家長認為養育子女是「苦多於樂」，然而有 90% 的家長同意「養育孩子可以帶來家庭的樂趣」。雖然父母難為，教養孩子不易，但養兒育女的樂趣可能是父母親壓力中的支持力量，也讓許多父母甘之如飴。陳若琳、李青松（2001）發現「當聽到孩子說爸爸／媽媽我愛你」、「當孩子向自己撒嬌時」、「孩子成長與進步」都能感到親職的喜悅。且「孩子讓我對未來感到希望」、「孩子讓我體會生命的完整感」、「孩子讓我完成傳宗接代的使命」，以及「孩子讓我感覺自己生命的延續」等，都是為人父母快樂及喜悅的部分。且父母親喜悅的程度愈高，親職壓力的困擾愈少。

因此本節的重點強調親子衝突，一般容易發生親子衝突的原因有：⑴父母因素，包括父母的心態，認為孩子是我的財產，所以一切都要聽我的；父母的作法，父母受到自己原生家庭的影響，自己從小經驗不好的管教方式，也加諸在孩子身上；父母的個性，高權威、高全控型的父母，很難避免與子女之間的衝突；⑵子女因素，包括孩子認為自己已經長大了，不需要父母管；或對父母有成見，認為父母管我都是為了成績……，好向他人炫耀；或是叛逆期，受到同儕影響等；⑶雙方的表達方式，父母若沒有經過學習，只會用命令、權威的方式與孩子溝通，孩子也沒有好臉色回應，雙方就更容易發生衝突。

父母親在和子女溝通時，可採取多元的方式，例如面對面交談、電話中交談、

便條、小紙條,甚至 e-mail、MSN 都可運用,不論用哪一種方式,靈活、多元和彈性總是比較好的。此外,溝通是一種彼此意見傳遞的過程,盡量要以對方能了解的內容,使彼此想法產生互動。父母除了表達自己的想法外,更重要的是需要了解子女的想法,因此溝通過程中,除了傳達雙方都懂的訊息外,要讓子女有表達的機會與空間,就算子女想法荒謬,也不要馬上斥責,以免孩子學會和父母溝通時,就要閉嘴點頭,以免被罵。此外,溝通時最好不要太嚴肅,建立固定家庭會議形式,也可增進家人溝通。

五 外遇壓力

　　根據美國的報導,37%的已婚男士和20%的已婚女士,曾經對另一半不忠(高蘭馨、柯清心譯,1997)。內政部在網站上公布的統計數字,婦女在 2002 年一年內遭遇重大不幸事件外遇占 1.5%。當然外遇並不是男性的專利,女性也有相當的比例會在婚姻中出軌。

　　當知道配偶有外遇的那一剎那,身體和心理都處於強大的衝擊,感覺整個世界的秩序與公理已不存在,過去感覺能掌控的生活、自尊、自我概念也都消失不見。在這個時候,生理也起了相當劇烈的變化,腎上腺素和其他與壓力相關的荷爾蒙,會源源不斷地刺激著交感神經系統,增強警覺能力。除此之外,一種類似嗎啡的腦啡,會進入神經系統,這種轉變會鈍化對痛苦的感覺,也保護免於激烈情緒帶來的強大壓力。換句話說,身體進入冬眠期,感官範圍縮小了,失去與人互動的興趣。當努力地讓自己回到現實時,會感到自己像個機器,心不在焉,無法專心。且長期的焦慮與攪擾不安,需要長時間才能入睡,因為睡得太少,想得太多,會有筋疲力竭之感。

　　外遇帶給人心理的衝擊,最嚴重的部分是自我失落,包括失去自我的認同感、自我價值感、自尊心、控制自己行動和想法的能力、對世界的秩序與正義的基本概念、宗教信心、和他人的聯繫及人生目標等。突然之間,會感覺自己像一個破碎、變形、和過去完全不同的人。玲玲自從知道先生有外遇後,她把所有的注意

力都集中在這件事，她不斷地在想這件事，不斷地回憶過去先生所說的每一句話、每一個動作。半夜醒來，夢到他和第三者睡在一張床上，如何與對方發生親密關係的細節，而這一切只讓自己更加心痛和被傷害。她覺得她從不是一個這樣的人，但先生外遇讓她的理智完全喪失了。三十歲的淑芳，在先生向她坦承自己有外遇的那天，她在上班途中迷路了，而這條路是她每天上班必經之路，已經走了五年。有時在晚上開車回家，心想不如撞到對面安全島上，結束這場痛苦。

外遇對男人與女人的影響並不相同。一般而言，女性碰到先生有外遇，比較願意重建關係，挽回維繫原有家庭，這可能與女性的經濟能力、傳統教育觀念有關；男性遇到太太有外遇，則傾向一刀兩斷，另外尋找新的對象，因為通常男性有較佳的經濟能力和信心更換伴侶。第二個差異是女性的反應傾向沮喪，認為自己無能處理婚姻關係，因為女性習慣向內攻擊，也比較容易以人際關係好壞，來決定自我的價值。男性則傾向憤怒，較容易將強烈的憤怒，發洩在妻子或第三者身上。攻擊性強的男性，在這時特別要努力做好情緒控制，以免有失控而導致暴力相向的場面發生。第三個差異是女性在意丈夫在情感上走私，因為女性容易將丈夫的出軌，歸咎於個人魅力喪失，而不是床笫表現不佳。女性將外遇歸因為是為了愛而不是為了性，結果是女性將外遇事件看得較配偶嚴重。當先生說我不過是逢場作戲、我從未想要對不起妳、她（第三者）對我不具意義，女性很難會相信。而男性則忌諱被戴綠帽子，男性傾向相信妻子是為了性而背叛他，這種假設使得他感覺性無能並充滿嫉妒，甚至與對方大打出手。第四個差異是女性容易對外遇的事情想不開，常停留在被欺騙，不再相信任何事情。因為女性的自我概念與個人親密關係的成功與否相連，而男性花較少的時間思考背叛的感受，他們比較能將痛苦擺在一邊，將時間精力放在尋找下一個伴侶上。當然以上所談男女對外遇反應的差異，只是一般性，並不代表個別反應，每一個經歷外遇的人，都有著自己深刻且複雜的痛苦經驗。

男女雙方在知道對方有外遇後，除了上述所說的生理及心理反應外，在心理上會面臨許多的掙扎、矛盾、疑懼、顧慮等，最常見的心裡掙扎有「既然已經千瘡百孔，我們還可能和好如初嗎？」、「既然你有過不忠的前科，我還能相信你

將來不再出軌嗎？」、「我倆真的可以改變嗎？或者我們根本水火不容？」、「沒錯，你正在做一些改變企圖挽回我們的關係，可是你是真心的嗎？這些會長久嗎？」、「你是真心要我，或者只想從我這得到好處？」、「我有充分的理由留下來嗎？」、「我們應該為了孩子勉強復合嗎？」、「依你目前的作為，你不可能愛我，那麼繼續下去還有什麼意義？」、「在確定答應你復合之前，對你付出太多感情，花太多時間陪你，我是不是錯了？」、「如果我花更多時間和情人在一起，難道就不能做出更好的決定？」（高蘭馨、柯清心譯，1997）。

　　處在外遇中的當事人，無論是被傷害者或是背叛者，都會面臨人生重大抉擇，要復合或是離開。有些外遇者很清楚這不過是逢場作戲，絕不會離開配偶，被傷害的配偶卻不一定如此想。或是外遇者想離開婚姻，但配偶想復合；或是雙方都有復合意願，但總覺得破鏡難圓，中間裂痕無法忘懷。無論何種情形，建議處在這種愛恨交織情緒的夫妻，應以理智為基礎，經過深思熟慮的思考，不要因情緒衝動而遽下決定。根據研究指出，大部分從外遇中走過來的夫妻，治療過程都從超越愛恨交織的感覺開始。也就是背叛的伴侶，必須結束與第三者的關係，或者至少要理出頭緒後再說，受傷害的一方必須讓配偶回到你的生活當中，兩人都須承諾復合才行。而這只不過是起步，之後的修復工作可能更久。專家建議步驟如下：(1)想像遠景：想像當你正做一些配偶要求的改變，而配偶也同樣在做改變時，你們的關係將會如何？如此持續三、五年，甚至七、八年，情景會如何？如果可以想像彼此努力走出痛苦絕望，從外遇中學到功課，將更有內在動力支持改變。(2)許下承諾：彼此做成書面或口頭承諾，讓雙方有明確目標，同時衡量進步情形。(3)學習傾聽：外遇夫妻之間存在太多的誤解與怨恨，因此不要太深入分析對方對你的攻擊，試著聆聽這些憤怒、傷害語言背後的意義，並在聆聽過程中，學會了解對方，清楚彼此關係，重建生活的平衡。(4)往前展望：外遇之後想回復到從前的關係，確實不易，但只要彼此有心，願意共同以愛、包容、溝通來清理傷口，會讓未來婚姻的路走得更平穩、更順利。

六　離婚的壓力

　　根據內政部的統計，近年來國人離婚率不斷上升，1998 年，離婚率 3.46%，2000 年 4.24%，2002 年 4.8%，到了 2008 年，躍升到 6.63%。2002 年登記離婚的人數有 61213 對，較上一年增加 8.27%，平均每天有 168 對夫婦離婚。到了 2008 年，登記離婚人數增加到 1268316 人。由上述的統計資料顯示，台灣離婚率相當高，受到離婚影響的人數（包括子女、家人等），更是超過數字所顯現的意義。

　　造成離婚的原因可分為社會環境的因素與個人因素。社會環境的因素中，女性地位的提高、小家庭增多、強調個人主義、離婚漸被接納，及外遇機會增多等都有可能造成離婚率的提升。在個人因素方面，個人的宗教信仰、教育程度、職業、雙方無法相處、價值觀不同、個性嚴重失和等，都是造成離婚的原因。離婚後的心理反應，可分為三個階段。

　　第一階段是震驚的階段，離婚代表的是婚姻的死亡，有些離婚者將其視為人生重大挫敗、自己的無能，若是被迫離婚，情緒反應會更激烈。悲傷、憤怒、自卑、痛苦、不平甚至報復等情緒都會產生。在離婚的前期，會有的反應有：

1. 不肯相信已發生的事實，整日思索到底發生什麼事，或期待奇蹟出現。

2. 時常覺得身體不舒服，有的甚至大病一場。

3. 將內心罪惡的感受投射或轉移到他人身上，如仇恨配偶或責怪有關的人。

4. 從人際關係中退縮，不想和他人接觸，不接受他人的幫助。

5. 內心感到極度自卑，覺得比不上他人，看到一般夫妻，心理極不平衡，也有強烈的挫敗感。

6. 強烈的報復念頭，尤其是因某種原因被迫離婚者。

　　離婚者在離婚後呈現的情緒反應種類與悲傷期間的長短，與下列因素有關：
(1)子女監護權的規定；(2)夫妻感情的程度；(3)離婚的意願；(4)結婚時間的長短；(5)離婚者的性別；(6)離婚者的年齡。

　　第二階段屬於調適的階段，在這個階段，離婚者不僅要接受離婚的事實，並且需要採取行動來處理問題。調適的階段是一個過渡時期，從已婚的生活型態轉變成離婚後單身的生活型態。在此階段，離婚者常有著無助或情緒不穩定的現象，必須學習處理各種事務，以期解決配偶不在時所發生的問題，或是應負的責任。換言之，學習適應離婚後沒有配偶、獨自居住的生活。

　　第三階段是成長蛻變的階段，有些離婚者可能永遠無法達到這個階段。要達此階段，必須能夠從經驗中學習，使個人有所成長，如個人潛能充分發揮、人際關係的改善及社會功能的增強等，都是個人成長的表現。

　　離婚對當事人的影響，從決定離婚開始辦理手續時，因為不明白法律的程序規定，所以覺得困惑；若是採取訴訟離婚，在法庭宣布離婚判決時，婚姻中秘密的本質和個人隱私被公開，都會帶給人們痛苦和恥辱的感受。且無論當事人如何將離婚合理化，離婚總會造成某種程度的傷害。假如你痛恨詛咒對方，那就等於承認自己當初不夠謹慎，選錯了對象。假如你責怪自己，那定有挫敗的感覺。如果很輕鬆地表示，既然不能相處就分開吧！這仍會產生重大失落感，因為別人的眼光會讓你覺得不自在。

　　離婚之後，一切性與愛的習慣都須改變，有的離婚者會以偏概全，認為所有的男人（或女人）都和配偶一樣不負責任，婚姻只會帶來痛苦，人與人之間應保持距離，以免受傷。有些離婚者為了忘掉不愉快回憶，或是為了報復對方懲罰自己，到處交異性朋友，玩世不恭。也有些離婚者立刻將感情轉移閃電結婚。除此之外，離婚後，因婚姻關係而建立的親屬體系或朋友關係亦會產生變化，例如過去配偶的父母、兄弟姊妹、朋友關係等，都有可能因離婚而不再來往，或是離婚當事人也不願主動與人交往，故意疏遠所有的親戚朋友。

　　離婚對婦女而言，最大的壓力是經濟和孩子的監護。對家庭主婦而言，若是沒有贍養費，容易陷入經濟的困境；職業婦女雖有經濟能力，但也要視其收入多寡，若只是養活自己，比較容易，但有些當事人除了要養活自己外，還要扶養子女，經濟上容易遭到困難，無法維持離婚前水準。此外，受影響最大的莫過於孩子，不管孩子的監護權歸哪一方，他總會失去一方。且孩子的敏感度遠超過成人

的了解，當父母離婚時，孩子常擷取片段的事實，賦予自己想像力的解說，當然這要視孩子的年齡而定。有的孩子認為父母離異是因為自己不聽話而有罪惡感；或從此對婚姻持有恐懼感；或學會父母親相處的方式，將這套模式複製到自己的婚姻中；或是從此陷入自卑中，認為自己家庭不如別人，不願與他人來往等。故離婚對夫妻雙方及孩子而言，都是輸家。在做決定前，不可不慎。

七　家庭暴力壓力

　　根據美國統計，全美每年將近六百萬的婦女遭受另一半的虐待。治療家庭暴力的傷害，比強暴、車禍、人襲加起來的醫藥費還高。在所有的婚姻裡，有三分之二的家庭至少曾經發生一次的暴力事件。且一旦女人遭到家庭暴力，再度被虐的機率增高，一次受虐婦中有 32%會被再虐（林明傑、陳文心、陳慧女、劉小菁譯，2000）。根據內政部的統計，有 3%的已婚婦女曾被先生施暴過，但根據台灣省婦女生活狀況調查報告，有 16.4%的婦女偶爾有過被丈夫施暴的經驗，1.2%經常有。在一個長期輔導 131 個家暴個案的研究顯示（吳慈恩、黃志中，2003），40%婦女在懷孕期間曾被毆打，90.6%的施虐者，在孩子面前毆打妻子；和媽媽一樣遭受爸爸毆打的孩童有 53.8%；44.3%的婦女，曾被丈夫強行施以性行為。

　　家庭暴力的定義為「在親密關係中，其中一人對另一方採取傷害，獲取或維持控制權力的所有行為。其中包括情緒上或精神上的施暴，毀損財物，以及性或身體上的施虐。透過以上種種的施暴行為，以剝奪他人的權力或製造一種恐懼及威脅的氣氛」。美華婚後不久，就發現先生會動手打人，尤其當他有外遇要求離婚，美華不願意，先生藉酒裝瘋，平日壓抑的不滿全部宣洩出來時，真是恐怖至極。美華曾被他打到鼻青臉腫、眼睛紅腫不堪，身上青一塊紫一塊，甚至有一次一月寒流天，先生將房間冷氣開到最強，命令她只准穿內衣褲待在房裡，以此作為懲罰及對她的不滿，並且連孩子也不放過，要孩子們跪在地上一整晚，不給他們吃也不讓他們睡覺。美華曾經報警，也曾根據家暴法與之隔離，但先生不達目的誓不罷休，在這同時她發現孩子的個性也和先生一樣，暴力不講理，她意識到

問題的嚴重，再不離婚連孩子都給毀了。

　　施暴者會產生暴力的原因有「想要另一半停止某種特定的行為」、「想要她做出特定的事情」、「想要懲罰她」。但很少男人會承認自己的方式是一種虐待。他相信他的威脅或使用外力是為了處理問題或終止情緒痛苦的必然手段。對於他的配偶或家人，他覺得有照顧的責任，並以責任感來合理化自己的行為。

　　施暴者的共同特徵有「強烈的控制慾」、「社會孤立」、「缺乏自我肯定的技巧」、「裝飾很好的面具」、「過度壓抑情緒」、「憎惡女人」、「具有非理性信念」，例如，「太太不同意我的想法，就是不愛我」、「過度刺激與混亂」、「害怕被遺棄」、「無能力處理批評」、「暴力成為一種生活方式」、「不安全的依附行為」等。

　　在一個暴力家庭成長的孩子會學到「你可以打你所愛的人」、「男人可以對女人使用暴力」、「父母可以隨便打小孩」、「使用暴力是一種正當的互動方式」、「當其他方法都不管用時，使用暴力可以讓你得到想要的東西」、「暴力是一種擺脫感受、解決問題，以及獲得勝利的經驗」等。此外，目睹或曾經經歷暴力的孩子會產生代間遺傳，把暴力帶入成人階段，更容易對其他孩子產生暴力，以及婚後對自己妻子、小孩使用暴力。

　　因此對一個產生暴力的家庭而言，施暴者、被虐者及孩子三方面都會產生壓力。尤其對被虐者及孩子而言，這種經驗非常恐怖及歷歷難忘。某些施暴者認為，我也不是願意如此，只是情緒一上來，無法控制，等施暴完後，又後悔不已，然後又乞求太太原諒。傳統的太太較容易原諒先生，會認為家醜不可外揚，只要生活過得去，也覺得先生是真心想悔改。但前面提到，有三分之一左右的施暴者會有第二次，因此許多家庭就在「衝突→施暴→求和→原諒→再施暴」的模式中，不斷重複。因此若要根本解決問題，必須施暴者真心願意改變，願意解決自己的問題。對施暴者的治療，可分為三階段：第一階段是穩定自我，第二階段是管理自我，第三階段是恢復自我。對受虐者而言，若先生只有一次施暴，在這次暴力經驗後，必須強烈及嚴重申明，今後不容許有類似事件發生。對方經警告後痛改前非，不再出現暴力行為，代表先生情緒管理能力還不錯，且懂得在情緒瀕臨臨

界點時，及時懸崖勒馬，但若是暴力事件不斷出現，甚至是一個循環模式，這時受虐者就必須思考如何勸先生接受心理治療，面對自己無法控制情緒的真相。若對方依然不接受，這時受虐者就必須思考自己的處境；若情況危險，對自己及孩子生命有威脅時，申請保護令或是訴求離婚，都是必須列入考慮的。

第三節
工作生涯壓力

一 工作壓力來源

適度的工作壓力，將可以激勵工作者，激發工作人員的潛能與發揮工作能力、增進工作效率，但是過度或過低的工作壓力都將會減損其效果，特別是過度的工作壓力，可能造成勞工緊張、不安、焦慮、不滿情緒等，產生脫序現象，甚至引起勞工身體健康影響。根據行政院主計處 1999 年的調查指出，造成工作壓力或困擾的原因分析如下：其中福利、薪水的問題（27.5%）、前途發展問題（24.0%）、工作本身的問題（23.0%）為最主要原因。其他分析結果還有，年資愈深認為有工作壓力的比例愈高，相同的在教育程度、服務場所員工人數上也有類似結果。若不考慮各行業之年紀、事業單位規模、教育程度等影響因素，各行業中以金融、保險及不動產業（76.6%）及公共行政業（66.3%）認為有工作壓力比例較高，而農林漁牧業（39.6%）比例最低；各職業中行政主管及經理人員（75.1%）、專業人員（72.3%）、技術員及助理專業人員（73.4%）比例較高，非技術工及體力工（42.3%）比例較低。

學者將工作壓力的來源分為下列五大類：

1. **與工作特性有關**：有些工作如急診室醫生、警察、加護病房護士等，因工作性質關係，時常暴露在危險環境中，像之前流行的 SARS 病毒，人人聞之色

變，但是醫護人員仍要冒著被感染的危險去照顧病患，心理的壓力可想而知。還有些工作的壓力來自工作負荷量太大，例如，業務員每天面對的除了業績、業績，還是業績，並且為了達成績效，每天工作十二、三個小時，日復一日年復一年，永遠都在與時間和業績賽跑，沒有喘息的時候。

2. **與工作角色有關**：組織心理學強調的「人境適配論」，就是說到何種個性或專長的人，適合做某些工作。若是兩者搭配良好，工作就會感到愉快，若二者之間不能配合，工作角色壓力就會產生。例如一個內向寡言的人擔任發言人的工作，必須經常面對公眾發言，那是相當大的壓力。或是個性外向活潑、喜歡變化、坐不住辦公室的人，每天都得伏案辦公八小時，上班時間感到度日如年。

3. **與人際關係有關**：工作中與人際關係有關的壓力，對女性上班族來說排名第一。女性在人際關係的感受遠高於男性。相對工作中的快樂與痛苦都與工作的人際關係有關。工作中的人際關係分為對上、對下，及平行的關係。愈是傳統性高的組織，與上司長官的關係就愈形重要，若是與長官不合，容易產生壓力。例如長官屬於鉅細靡遺、凡事事必躬親，而部屬則是大而化之、得過且過的類型，就容易產生工作壓力。此外，同事間相處，彼此的競爭、合作，難免產生摩擦，造成彼此的心結。有些時候在工作上顧得了上司，顧不了同事；有時會兩邊同時不討好，這都會造成人際關係的壓力。

4. **與職業發展有關**：職場中每個人都希望能夠有升遷的機會，或是發展自己理想的機會；雖然大家都有同樣的想法，卻不是人人都能做到或速度一般快。最近世界這一波不景氣的風潮，席捲全球，台灣自不能倖免，現有工作讓人看不到未來三到五年的前景，是許多上班族共同的心聲。還有些工作內容重複、無法提升個人價值，長期下來也會產生工作倦怠感。

5. **與家庭、工作交互影響有關**：現代的雙生涯職業婦女，對這種壓力一定感受深刻。每天周旋在工作、家庭、孩子間，恨不得自己有三頭六臂，才能應付多方面的需求，因此許多職業婦女都有蠟燭兩頭燒的感覺。香港有份連續三年的研究（自 2000-2003 年），在職父親在不景氣環境下工作，加上家庭開支的重

擔，壓力和顧慮與日俱增。此外，受訪的在職父親大都會擔心僱主懷疑他們在工作上未盡全力（68.9%），因此經常加班，進而造成照顧和陪伴子女的時間銳減，影響親子關係。因此，工作壓力會影響到家庭及婚姻生活。美國加州大學的兩名研究人員對十九名男警官進行了研究。這十九名男警官和他們的妻子透過每天寫日記，提供研究人員一個月有關自身和婚姻的資料。在這個月中，他們到實驗室與專家們見四次面，以接受錄影和測量心率。透過資料分析，研究人員認為，警官們將工作中的壓力帶回了家中，並影響到他們的婚姻關係。這一研究結果顯示，工作壓力對人的負面作用不僅影響生理的疲憊，還會波及家庭氣氛，造成緊張的婚姻關係。

二　上班族的痛苦指數

《Cherrs 雜誌》與 104 人力銀行合作的「上班族痛苦指數」調查（2002.8）中，指數最高者是對「外在環境」所導致的劇烈失業率變動依舊最難釋懷（68.5 分），遠高於「個人生活發展」（57.7 分）、「工作環境」（55.3 分）與「家庭因素」（51.6 分）等問題。前十大的痛苦指數中，政府沒有能力改善經濟成長率位居榜首，成為工作痛苦的罪魁禍首。經濟環境不佳所延伸的其他問題，包括跳槽機會少、失業率造成陰影、學歷低怕找不到工作、對加入 WTO 後的國際化競爭感到焦慮，占了前十名的六名。可見上班族面對的痛苦是「工作生存」大於「自我實現」。環境變動，固然讓人士氣受到打擊，但最令多數上班族普遍感到痛苦的則是：碰到不景氣導致「跳槽選擇機會少」，在此次調查中高居第二位（74.3 分）。不能隨意跳槽，除了飯口的經濟因素外，在企業嚴加挑人的「買方」市場下，個人條件的差異性往往變得更加嚴苛。「現在工作讓人看不到未來三到五年的前景」（73.1 分），在此次調查中排名前十大痛苦因素的第三名。

三 **男女壓力感受及因應方式**

　　根據行政院主計處 1999 年的調查，不同的性別會對特定的工作壓力原因有特別的感受，例如女性在「與工作同仁相處的問題」（5.1%-4.0%）、「性別造成的困擾」（2.7%-0.6%）、「在職訓練、進修的問題」（11.0%-9.7%）幾方面感受工作壓力比男性高；而男性工作壓力原因明顯高於女性者有「工作本身問題」（23.7%-22.0%）、「工作場所環境不佳」（9.3%-6.4%）、「前途發展的問題」（26.2%-21.0%）、「工作地點距離的困擾」（3.5%-2.1%）。

　　女性受僱者對於工作壓力的感受有別於男性，對於工作壓力的處理方式也有別於男性。調查結果顯示，女性受僱者在人際關係方面如「與工作同仁相處的問題」、「性別造成的困擾」的工作壓力感受比男性強烈；而男性則對於「工作本身問題」、「工作場所環境不佳」、「前途發展的問題」、「工作地點距離的困擾」等原因感到比較強烈。

　　對於壓力的處理方式，可以看出一些特定族群的文化，例如在職業上，技術工及有關工作人員對於「喝酒」（21.8%）、「抽菸」（27.5%）有較高的比例，事務人員則多採取「逛街、看電影」（35.9%）、「向同事親友抱怨」（27.5%）。在行業上，營造業對於「喝酒」（23.8%）、「抽菸」（27.3%）有較高的比例，公共行政業則較常以「旅行」（24.1%）來紓解工作壓力。

　　性別對於壓力處理也有些不同，一般而言女性選擇較為柔性的方法，如「逛街、看電影」、「拜拜或祈禱」、「向同事親友抱怨」；而男性則會採取較為實際的方法，如「喝酒」、「抽菸」、「打電動玩具」、「散步或運動」等。

　　諮商專業人員分析許多因工作困擾而來求助的個案，在經過諮商後常發現，「個案所覺得困擾的問題往往只是表象問題」。例如，有人覺得自己入錯行，想要換工作，但經過初步諮商後，才發現問題的癥結不在興趣問題，而是人際相處能力不佳造成工作困擾，想要逃避。或是有人一味情緒性地抱怨主管賞罰不公、賦予目標不清，到頭來其實是現實面的個人工作方法出了問題。事實上，每個人

都有可能在工作上面臨生存與競爭壓力，「但不能把所有問題都先推到別人身上、只有抱怨，唯有把問題焦點轉回自己身上，才有可能找出解決方法。」鴻海董事長郭台銘在 2009 年四月初《天下雜誌》其中一場演講主題「我們應還有 3 大夢想要發揮」，期勉新世代工作人，「順境誰都會走，能走逆境才能真正顯現個人價值！」

這麼多種的工作壓力來源，對每個人的生理、心理造成的影響是不一而足的。面對工作壓力時，首先要注意的就是維持良好的身心健康狀況，有健康的身體才有體力面對繁重的工作挑戰。心理正常健康時，壓力不致造成嚴重侵襲。因此平日常運動，多做一些自己有興趣且有意義的事情。與工作場合以外的人多保持社交友好的關係，有時同事間難免有競爭，與工作外的人保持良好互動是有必要的。用正面、積極而有建設性的作為，來面對壓力。用科學的分析方法來了解、解決自己的壓力困擾，並固定有一位或多位良師益友般的朋友，可以完全坦白，並提供工作上的建議。

第四節

經濟壓力

一　理財壓力

根據行政院主計處 2005 年「家庭收支調查」，扣除消費物價上漲指數，每戶實質收入比以前一年減少，家庭最低所得則連續兩年下降。有三分之二的人恐懼自己或家人會失業。生在台灣的人，經濟一直是我們引以為傲的，台灣的經濟奇蹟、台灣錢淹腳目，我們一直將經濟成長視為當然，從未經過衰退，在這波衰退中，社會大眾顯得恐慌、不適應。甚至經濟衰退已變成社會集體的焦慮不安。

曾經有人做過研究，富國的人民真的比較幸福嗎？有錢的人比窮人快樂嗎？

答案都是否定的。財富就像健康一樣，一旦缺少會讓我們的生活陷入悲慘，但如果需求被滿足，擁有愈多，滿足愈少。

根據香港大學的研究（《康健雜誌》，2003年1月），每天的股價明顯影響香港人的心理健康狀態，而且常注意股市新聞的人比不常注意的人受影響大。相信台灣的情形也是如此，台灣股市從1986、1987年開始飆漲，股價從幾百點飆到一萬兩千點，再從一萬兩千點跌回兩、三千點。這一段歷史，許多人稱投資股票為「全民運動」，號子裡擠得人山人海，許多家庭主婦也加入買股票的行列，稱為「菜籃族」，甚至許多公務員覺得每月薪水不過杯水車薪，乾脆辭掉工作改做「專業投資人」，但當股價直直落時，多少人多年財產付諸流水，多少家庭受到影響？多少夫妻關係受到影響？多少家庭經濟受到影響？雖未有詳細的統計數字，但看看我們周圍的人，相信絕不是少數。

專家建議投資除了要配合自己的財務狀況，也要視自己的個性而定，若發現自己因為股市、匯市的壞消息，開始頭痛、胃痛、高血壓或失眠時，那就是一個警訊，代表你的身體不適合做如此冒險起伏性大的投資。如果自己一向開朗、樂觀、健康，應該比較有包容力去面對財務的壞消息。反之，如果個性一向小心翼翼，賠錢後茶不思、飯不想，那就離這種投資遠一點，或採保守性投資方式。

如何理財？專家建議提前準備、擁有財富是最有效的因應方式。六個理財步驟如下：

1. **寫下夢想**：花幾分鐘寫下來，一直想做什麼？要在幾歲完成？有幾年的時間可以準備？專家建議金錢分為三份，一份是準備三至六個月的緊急應變金；一份是生活保險金，包括保險、退休、子女教育費等，讓自己生活有保障；第三份是夢想金，讓自己可以出國旅遊，變換環境學習新東西。

2. **算算自己有多少錢**：將資產正值（每月收入、房子、珠寶、存款、基金等），減去自己的負債（房貸、信用貸款等），得出淨值。

3. **詳細記錄自己每月的開銷**：《富爸爸，窮爸爸》（楊軍、楊明譯，2007）一書中曾說：「重要的不是你賺了多少錢，而要看你留下多少錢？及留住了多久？」所以必須知道自己的錢花到哪裡去了。

4. **保守因應**：在這不景氣的時代，不論理財方式是積極或保守，手邊至少要留著半年到一年的生活急用金，加上適當的保險，千萬不可把所有錢拿去投資，雞蛋不要放在一個籃子的道理大家都知道。

5. **培養理財知識與能力**：目前理財的資訊相當多元，從網路、報紙、雜誌、演講等，都可得到相當豐富的知識，透過各方資訊的蒐集和分析做出明智的決策，心情較篤定，決策的正確度也較高。不會跟著別人起舞，最後還是損失大把鈔票。

6. **勇敢踏出第一步並堅持下去**：根據自己的資金，選擇符合自己個性的投資方式，用最小資金成本去搏搏看，就算失敗，也算是交學費買經驗。在這不確定的時代，以平常心面對理財，把它當作生命中必要的事件，才能降低恐慌，築夢踏實。

二　失業壓力

　　根據行政院主計處網站上的統計數據，2002年8月份的失業人口破50萬，失業率達5.17%，2009年7月份失業率6.07%，失業人口66.3萬。全省有十四個縣市的失業率在平均值以上。因關廠、歇業、臨時工作結束、退休等非自願性失業人口，為數29.3萬人，占全部失業人口的57.2%。就算是現有工作者雖未失業，但仍擔心自己未來飯碗不保。失業率創下歷史新高，而失業者多數是家庭中的家計負責人。而受到這波不景氣的影響，擔心被減薪或是裁員的壓力漸漸增加，使得許許多多的人出現了焦慮、失眠、睡不著覺等等的「壓力症候群」症狀，甚至這種「可怕的病菌」也會在辦公室漸漸地蔓延，造成其他人莫名的恐慌。

　　對於已失業者，壓力就更大了，除了收入與經濟福利減少、自尊下降、焦慮增加、無望感增加、再就業時相對剝奪感增加外，失業對於失業者家庭的影響有：家庭生活水準下降、婚姻壓力增加及家暴的案件增加。

　　根據《Cheers雜誌》的調查，被開除是所有工作壓力中最令人難堪的，但從老闆的立場而言，開除員工有時是不得已的做法之一。莫乃健（2001）提到，員

工被老闆開除的理由，歸納起來有下列幾種類型：

1. **不懂得承擔責任的人**：有些人不願意承擔責任，只想到得到多少，而不是自己貢獻多少，形成了管理障礙。

2. **缺乏團隊精神的人**：許多人過於專注於自己的專業上，不太注意其他人，不積極展現與其他部門溝通的努力。

3. **不願改變的人**：有些人無法掌握環境變化，主動提升自己的專業與技能，因此也無法配合公司的變革。外面的環境在改變，有的員工卻覺得過去的方式很好，不願意改變自己去適應環境變化與新的文化。

4. **缺乏向心力的人**：一個人絕對沒有一個團隊強，大家都往同樣方向走才會到達你的目標。不認同公司做法、又缺乏向心力的人，就應該早點選擇其他方向，對彼此都比較好。

5. **不了解組織與他人需求的人**：有些人會質疑為什麼公司會讓一個學歷、能力都不錯的人離職？要不要留住一個員工要看他是否對組織有所貢獻，有些人可能像孟嘗君一樣，養兵千日用在一時；如果賦予任務卻一直無法達成，無論口才、學歷如何，都不適合公司。

坦白說，即使在景氣好的時候，每個人也都可能會面臨失業的問題。所以與其擔心「何時會失業」，不如好好想想「怎樣才不會失業」。因此面對失業的壓力，我們還可以做的事情有：

1. **工作上力求表現**：工作上除了分內的工作要力求完善與表現之外，如果情況允許的話，也盡可能多了解其他同事的工作內容，除了可以加速工作上的經驗傳承、分享，當然，更重要的是可以增加你在公司的重要性與價值，當這種感覺建立起來之後，就算公司要裁員，你也應該不是第一人選了。

2. **培養第二職技專長**：有些人認為平日的工作就已經夠煩夠累，根本無暇學習其他專長。但是為自己找藉口，像是沒時間、工作壓力大、不想占據太多的休閒時間，諸如此類的答案，只會讓人在失業危機出現時，坐困愁城，求神禱告，懷著害怕的心理等待奇蹟的來臨。

3. **平常要有儲蓄的習慣**：就算我們不是個投資理財的專家，但學著如何看緊自

已的荷包卻是一定要的，與其貪圖一時的享受，不如回歸務實，這才是一條在經濟不景氣下的安身立命之路。

4. **蒐集有效的資料**：各報章雜誌及網路的就業資訊或大型徵才活動、第二專長技能訓練相關資料，或是政府的輔導就業活動及政府的失業補助等管道，都可以幫助失業者找到機會。

5. **做好人際關係**：好工作並非努力即可獲得，往往需要靠一點運氣與朋友的幫忙。因為唯有朋友才能介紹一份適合「你」的工作，所以做好人際關係是非常重要的。既然朋友如此的重要，那麼結交新朋友的工作當然不能疏忽，多參加社會公益活動不但可以豐富你的人生，亦可幫你結交到新朋友。

6. **做好家庭的人際關係**：在壓力與懊惱的情況下，失業者往往會成為失業症候群的一員。失業者常出現的症狀有失眠、鬱卒、煩躁、整個人不起勁、坐立不安等，有的甚至引發家庭暴力或有自殘、自殺的情形產生。對於失業者，家人可以支持性的態度來對待之，以鞏固其原有的心理防禦，強化其心理建設；亦可藉由閱讀書籍、運動、聯絡親友等休閒娛樂，來紓解心理壓力，重見人生光明面。

關鍵詞彙

暗戀　　　　　　　　外遇

溝通不良　　　　　　家庭暴力

性關係不佳　　　　　施暴者

自我評量題目

1. 一般人分手後，常見的負向想法有哪些？應如何化解？

2. 性格不合是夫妻失和或情侶分手的原因之一，試舉一例說明，並說明可採取化解的途徑。

3. 產生婆媳問題的原因為何？先生處在中間的壓力有哪些？可化解的方式有哪些？

4. 外遇對一般人的影響？男女兩性面對外遇衝擊反應有無差異？若有，是哪些？

5. 家暴事件中，施暴者的原因及共同特徵有哪些？孩子所受到的影響為何？

6. 工作的壓力源有哪些？如何降低？

7. 容易遭到開除命運的員工（去除老闆關廠、公司倒閉外），其共同特徵為何？

參考文獻

天下雜誌（2003）。封面故事——新台灣之子，271。

余漢儀（1993）。兒童虐待及其因應之道。**研考雙月刊，17**（3），23-30。

吳慈恩、黃志中（2003）。**曾受家暴與性暴的個案心理治療：一例報告**。台灣精神醫學會學術研討會。

卓以定（2000）。**新世代優質父母手冊**。台北：遠流出版社。

林仁和（1998）。**愛情的危機處理**。台北：聯經出版社。

林明傑、陳文心、陳慧女、劉小菁譯（2000）。**家庭暴力者輔導手冊**。台北：張老師文化。

林蕙瑛（1994）。**讓婚姻得滿分**。台北：希代出版社。

高蘭馨、柯清心譯（1997）。**外遇的男女心理——如何走出創傷與重建信任**。台北：天下文化出版社。

張春興（1981）。**感情、婚姻、家庭**。台北：桂冠出版社。

曹敏誨（1996）。**外遇情變———情海生波風起時**。台北：九儀出版社。

莫乃健（2001 年 3 月）。五種最容易被老闆開除的人。**Cheers 雜誌**。

陳艾妮編（1992）。**生命中不能逃避的情事**。台北：時報文化出版社。

陳若琳、李青松（2001）。台北縣雙工作家庭父母親的親職喜悅與壓力之探討。**生活科學報，7**，158-179。

陳慧女、黃志中、李秀珠（2002）。家庭暴力防治法實施後婚姻暴力防治執行現況及需求之研究——以高雄地區為例。**社區發展季刊，100**，407-422。

游乾桂（1990）。**別讓婚姻出軌**。台北：耀昇文化事業有限公司。

楊軍、楊明譯（2007）。**富爸爸，窮爸爸**。台北：高寶出版社。

劉鳳珍、藍麗娟（2002 年 8 月）。上班族痛苦指數大調查。**Cheers 雜誌**。

嶺月（1986）。**做個稱職的父母**。洪健全教育文化基金會。

第六章

特殊族群的壓力問題

學習目標

——研讀本章內容之後，學習者應能達成下列目標：

1. 了解軍人的壓力來源。
2. 了解軍人壓力的因應方式。
3. 了解警察的壓力來源。
4. 了解警察壓力的因應方式。
5. 了解服務業的壓力來源。
6. 了解服務業壓力的因應方式。

摘　要

　　本章的重點在介紹特殊族群的壓力問題，探討較特殊的工作或角色，包括軍人、警察及服務業等特殊族群的壓力。每一節以化名人物說明其壓力，並以實徵研究結果作為輔佐，最後再提出因應壓力的建議。

　　本章的重點在於特殊族群的壓力問題，探討較特殊的工作或角色所遭遇的壓力與生活，共分為三節，第一節探討軍人的壓力，第二節談警察的壓力，第三節談服務業的壓力，包括新聞從業人員、高科技從業人員、護理人員等。限於篇幅限制及所蒐集的資料，以上所列出的特殊族群，無法涵蓋社會中所有的行業及各種角色，希望未來修訂版中，能將資料整理得更完整。

軍人的壓力

　　我國兵役制度是採取混和制，也就是募兵和徵兵並存，募兵而來的是志願役軍人，志願役軍人多為軍官、士官，士兵的募兵制乃從 2003 年 4 月試辦，服役期限較長，最短的有三年的募兵，最長的為上將，服役期限依其階級不同而相異。徵兵而來的是義務役軍人，因為憲法規定，服兵役是國民應盡的義務，因而義務役軍人服役時間較短，從 2008 年起服役時間已縮短為一年。故二者在心態、壓力感受及對其家庭的影響上，有相當大的不同。首先說明義務役軍人的壓力與生活，義務役軍人的壓力，分為當兵前、新訓中心、抽籤下部隊、剛下部隊、破百階段、臨退伍前、休假制度及學長制的壓力（孫敏華，2000）。說明如下：

一　義務役軍人的壓力

㈠當兵前的壓力——恐懼害怕兼無奈

　　役男在服役前，對軍中的了解多來自朋友、同學誇大後的敘述，或是媒體的報導，或是來自網路及各種服役教戰書籍等，因此許多役男都聽過「軍隊很黑哦！少管事，免得惹麻煩」、「部隊不比外面社會，什麼事都被管來管去，限制很多的」，因此許多役男在當兵前對服役的看法多為部隊很操、很恐怖，但因憲法規定男性有服兵役的義務，覺得欠國家的要還給國家，又有些無奈。例如，明德認

為自己「當兵的前兩年我就想過，也有在準備，那時覺得當兵很苦，很操體能，要忍耐，也可以讓自己學一些東西。對當兵沒有什麼看法，只想快點兩年當完。」從小對軍人的看法來自軍教電影中的雄壯威武，但對當兵的感覺是「恐怖，大部分都是道聽塗說、以訛傳訛的經驗，當兵之前聽到表哥他們在講，部隊中軍官和士官差別很大，軍隊是嚴謹的、不自由的，那時候軍中發生很多不當管教的案例，聽了覺得滿恐怖的……像我以前要入伍前，想到要當兵，覺得天啊！那是一座監獄。加上我以前看軍教片『報告班長』等，覺得制度是很可怕、很嚴格的」。

(二)新訓中心的壓力──從老百姓變成軍人的重要階段

新訓中心是一個將老百姓轉變成軍人的轉換階段，因此對許多役男而言，有與世隔離之感。中心學的都是基礎軍事科目，如槍枝分解保養、基本軍事動作等等。根據過去許多研究，新兵在新訓中心的適應比剛下部隊好，原因是新訓中心只有排長、班長、連長等少數軍官，沒有學長，除了體能的負荷較大之外，長官的壓力較小，大家都一樣菜一律平等，很多人一到新訓中心體重馬上直線上升，體能也增加不少。目前新訓中心的要求不再像以前「血濺關東橋」的說法那樣嚴苛，均強調合理管理。例如，明德說：「……初到新訓中心，真是單純又徬徨，好像『呆呆被人騙去，突然整個世界就變了』，因為你根本不曉得跟誰求助，頂多也只是同梯的弟兄，他們也不能幫你什麼。……不過，我大概一個禮拜就適應了。……我覺得一個禮拜是調適期，那個禮拜大家體能都在增加，後來開始進入一個超越自己平常無法想像的一種體能狀況……幾乎95%的人都可以過得來。再說又有同窗之間可以訴苦。……我的父母到新訓中心來看我，就說當兵好，早該送你來當兵，因為入伍前胃出血，臉色很差，進新訓之後不到一個月，胖了五公斤。」

(三)抽籤下部隊的壓力──決定服役單位的一刻

一般而言部隊是先選兵再抽籤，選兵都是因為某種專長的需要，如駕駛兵、美工兵等，由需求單位的軍官統一甄選，甄選考試的科目視專長而定，選完之後，就一視同仁地集體抽籤，抽籤時先抽順序的編號，然後依序號才正式上台抽服役的單位。故許多役男在抽籤前都會求神問卜，希望能中一支「單位輕鬆，離家又

近的籤」。抽籤全憑運氣，也同時決定役男今後的服役單位及性質。這種方式雖不科學，但在沒有比抽籤更好的方式下，只好如此。目前部隊為求公開公平，抽籤當天，役男家長均可在場觀看全程。抽籤完也就是快結訓時，班長都會關心役男抽到哪個單位，然後多半會誇大那個單位的情形，其實班長自己本身也未經歷過，常以訛傳訛。明德說：「抽完籤那時的感覺，就是中獎開獎的感覺。……抽完籤班長就問我抽到哪裡？我回答他：抽到××師，班長就說：『不錯！天下第一師，其實也沒有，只是行軍到新竹，或是行軍到中部嘛，然後開始師對抗，或有的沒有的。後來也沒什麼啦！就是走斷腿啦，要不然就是走到腳破皮啊，後來破皮的那個肉啊，黏到襪子上面。』這還好嗎？這很恐怖耶！……現在覺得幹訓班的班長講的話，一半能聽一半不能聽啦！……其實他們一到就在幹訓班，別的地方根本沒有去過，許多消息都是以訛傳訛。」

(四)剛下部隊——壓力最大的階段

根據研究顯示，剛下部隊三個月是適應部隊生活最困難的階段，原因為運氣好的話同梯的弟兄有三五個，也許只有自己一個人，面對的是新的環境、新的工作內容、新的管教風氣，更重要的是全連的不管是軍士官兵階級都比自己大，自己是連上最小最菜的新兵，加上過去媒體報導或各種傳言，許多弟兄在報到前都會打聽，但得到的多為負面訊息。新兵進入部隊後，多發現事實與傳聞中的大有出入。不過制度雖然如此，但實際學長學弟或梯次的觀念仍存在役男心中，短時間內要完全破除，恐怕不易。某位輔導長說：「……入伍前會聽說學長學弟制受到虐待啦！出很多公差啦！他們剛到部隊會很害怕是不是這種情況，所以剛到時很拘謹放不開，不敢做自己的事。會擔心覺得現在做不好，將來會被人家釘死。……現在學長學弟制已比以前好很多，像以前做體能，會有幾梯的先起立，幾梯的再起立，菜鳥做到最後，老鳥就在旁邊釘。現在比較不會，有許多申訴案例，老兵欺負新兵被判刑抓去關。因此出公差時，老兵、新兵就會爭先恐後……新兵剛進來，都是很緊張，戰戰兢兢，就怕表現不好會黑掉，套句他們的術語，黑掉後要白回來就很難。」

㈤破百階段──退伍心態濃

　　破百之後當兵的時間已進入倒數計時，數饅頭的日子已不多了。大多數弟兄已開始為退伍後預做打算，心裡所關心的事都是找工作、繼續讀書、深造考試等事項。對於連隊的工作，早就心不在此了。加上自己資深，經驗最為豐富，擁有最高的權威。因此除非連隊人力不足急需人手，要不然根本不需他們親自動手。若他們和學弟一樣，積極下去做，所產生的帶動效果是很大的。也有些老兵因為自己退伍在即，不願再當壞人而得罪人，對連隊的態度抱持著得過且過，不想管事的心態。他們知道再怎麼擺爛都一樣可以退伍，該放的假一天都不能少，又不能扣假，因此對一些頑劣的兵，軍官也只能坐視不管，等他退伍了。像要退伍的弟兄每天談的就是：我要找什麼工作？很擔心退伍後的出路在那裡，……破百之後這種現象更明顯，當兵回來還是要靠自己，沒找到工作就完蛋了。……整個心就幾乎在外面了，然後一找到工作回來，那種感覺真好，同僚好羨慕的情形就會出來。

㈥臨退伍前──心繫未來前途與工作

　　多數弟兄在退伍前幾天，都會請客，有人稱為退伍菸、退伍席等。連上軍官也早在退伍前一、兩個月，工作有人交接之後，就不太管他們，甚至有些部隊弟兄累積了假期，還未退伍就放假，退伍當天回來領退伍令即可。弟兄臨退前的心情都是極為興奮的，好像經歷一段不自由後，重新獲得自由的感覺，對未來雖有憧憬也有徬徨，例如，某位即將退伍的老兵說：「……離退伍還有二十來天，前幾天參加一些退伍弟兄的聯誼，當時就發現退伍離自己近了，心裡有點忐忑不安，對未來前途的不確定感吧！已經退伍的弟兄告訴我，現在社會腳步非常快，公司不可能因為你還沒有退伍願意等，所以提前找工作也沒有用，基本上現在是工作挑你，不是你挑工作。所以現在只有心理有準備，但行動上還沒有付出。……就是很興奮，那種感覺就是掙脫束縛，終於拿到了退伍令。……我的感覺卻是惶恐與不解，惶恐來自於當兵後重新歸零，不解就是歸零後的規劃，自己到底要怎麼做？……」

㈦休假制度——阿兵哥最重視的一環

在軍中無論志願役或義務役，都很在乎假期。放假是軍中常用來獎勵或懲罰部屬的最重要工具。例如，表現好放榮譽假，榮譽假還區分為甲種、乙種及丙種；表現差就禁足不准休假。以弟兄的角度而言，當兵兩年除希望平安當完、順利退伍之外，最希望的就是休假正常。某位輔導長說：「阿兵哥最在意的事情就是假期，他們認為平常怎麼累都無所謂，該我休假你要讓我放，這個觀念他們滿強烈的。現在都是排假嘛，有時他假排好了，臨時有突發事情，一下子突然不能休假，像是和女朋友約好了，就會看到整個士氣都低落，但長官認為你只是延後一天，卻不了解他已經安排好了，若延一天他要花兩、三天去處理善後。」

㈧學長制——無形壓力大

學長制一直是軍中的一項傳統的管教方式，軍中重視倫理及階級，在美國著名的軍校養成教育中，稱一年級新生為「老鼠」，如同過街老鼠人人可打。希望藉由各種辱罵踐踏的方式，除掉新生的驕傲、磨練其挫折忍受力，重新塑造一個服從命令、有鋼鐵般意志力的軍人。除了深層的意義外，事實上學長制也有經驗傳承、師兄帶師弟的意味。所以學長制本身的精神立意很好，只是服役弟兄所謂的學長，只不過大幾個梯次，年齡差距並不大，經驗差異也未達顯著，但卻擁有管教和賞罰的權力。因此在權力的使用過程中，常發生不當的情形。故剛下部隊的弟兄，多半不喜歡這項制度。某位副連長提到弟兄們在服役前都打聽過，剛進來一定很乖巧，克盡菜鳥職責。且他們自身對梯次觀念非常敏感，梯次觀念根深蒂固地進入弟兄的潛意識，老鳥菜鳥各司其職，一個連隊有四、五十不同梯的兵，他們全都搞得一清二楚。

但是當菜鳥成了老鳥後，對學長制的看法會轉變，變得不由自主擺出學長的姿態，出公差不再積極，雖然不喜歡如此，但很自然就會變成這樣，而且這時比較能體會學長制的好處。某位老兵說：「……我一直都希望不要有這種梯次的觀念或動作，但現在我覺得自己已經有老兵的姿態開始擺出來了。……現在我就覺得出差沒有以前勤奮了。……這種老兵姿態自然而然地就出現了，其實我真的不喜歡這樣。……上頭長官也會對老兵有一些的包容，包容你可以去做業務，不用

非常努力去出公差，……我覺得學長制最主要是態勢的問題，因為是學長所以覺得較有權威，可以用階級去拗別人。這些年軍中一直強調合理管教，不再允許老兵欺負新兵，因學長制而產生意外的情形減少很多，其實學長制只要不牽涉到不當管教，也有其正面功能。例如，學弟若有什麼困難，學長可以幫助他，也比較有歸屬感，再者學長比較紅的，別人也會說這是誰的學弟，對他好一點，學長會把學弟帶入他的人際圈，這樣也不錯。反正只要不牽涉到不當都還好。不過這是一般老兵的想法，對剛下部隊的新兵而言，一定喜歡目前去除學長制的做法。」

二　義務役軍人壓力的研究

蔡文佩（1995）研究北部某新兵訓練中心的新兵200名，依壓力發生的頻率，前幾名的壓力源為：⑴操課時間不准上福利社；⑵要求短時間內完成指定工作；⑶公共電話太少不敷使用；⑷一人犯錯全班受罰；⑸浴室空間擁擠；⑹屬於自己的時間太少；⑺訓練標準在班長手中；⑻上廁所時間緊迫；⑼日常生活規矩嚴。新兵壓力源與身心困擾成顯著正相關，個人壓力源能解釋情緒化與焦慮的29.33%；領導風格壓力源能解釋無助與憂鬱的25.96%。新兵入伍後，其身心困擾較入伍前明顯升高，但偏差行為下降。這項的研究對象為新兵，從其結果發現新兵入伍，其壓力源多為因軍中情境的特殊性所造成限制上的壓力。

《中華解放軍報》1998年12月27日第十版指出，新兵適應不良的原因有：⑴從經歷家庭式親情體系依賴情緒，到部隊上下體系、服從意識的轉變。新兵會產生想家、想父母、懦弱、委屈、愛哭等現象；⑵由寬鬆社會環境養成的散漫，轉而緊張正規紀律嚴明的行為，新兵容易產生不適應，感到畏懼，不知所措；⑶新兵入伍後，一些人要經歷從喜歡享受轉變成喜歡吃苦、甘願奉獻，尤其是駐守沿海開放大城市的新兵，如不能適應這個轉變，會失去前進的動力和信心，表現為牢騷滿腹、焦慮、抑鬱、委靡不振或怨天尤人等；⑷新兵從單純天真爛漫轉變為正視現實、服從分配。新兵富於想像，充滿憧憬，想在部隊學技術、成材，甚至想當英雄。而部隊現實是平凡而普通，例如有些新兵被分配到炊事班養豬、種

菜、做飯等,部分人感到失望、沮喪或有懷才不遇、後悔的想法,甚至消極抵抗。同年中共的《政工導刊》(1998 年 10 月 10 日)第十期也提到引發戰士心理挫折的因素很多,其一是利益因素,如各種入伍動機沒得到滿足;其二是得不到領導的信任,官兵關係緊張;其三是自然因素,如親人亡故等。另外,家庭對戰士的驕縱溺愛,家長對戰士的要求過高,如「一年入黨,二年進軍校,三年當幹部等」苛刻要求會導致戰士的壓力過大。社會不良風氣和部隊不恰當的管理,及訓練的艱苦,也容易引發戰士心理問題的產生。可見新兵的不適應,並非我國獨有,舉世皆然。

軍管部(現在後管部)1995 年以北、中、南、東四個師管區的受試 250 人,研究不適應軍中生活的九大原因,結果為:⑴生活設施差;⑵生活緊張;⑶休假不正常;⑷值勤時數長;⑸本身個性不適合;⑹幹部不合理管教;⑺弟兄間相處不和睦;⑻家庭及女友影響;⑼身體無法負荷。故軍管部的研究中造成不適應軍中生活的個人原因有本身個性不適合、弟兄間相處不睦、家庭及女友影響、身體無法負荷。屬於軍中情境的原因有生活設施差、生活緊張、休假不正常、值勤時數長、幹部不合理管教等。

孫敏華(2000)研究役男壓力來源、因應方式與軍中適應關係,役男的壓力來源分為「軍中壓力」、「個人感情壓力」及「家庭壓力」。軍中壓力來源,以平均數的大小排名,前五名的分別是「軍中受限太多」、「軍中生活枯燥乏味」、「缺乏自己的時間」、「睡眠不足」、「薪餉不夠支出」。排名最後的依序是「被老兵欺負」、「軍中的學長學弟制」、「訓練壓力大體能負荷重」、「受到長官的責難」及「上級任務交代未完成」等。前三名的家庭壓力為「在軍中擔心家人」、「為家人或家中的事情煩惱」及「家人住院或生病」。個人感情壓力的前三名分別為「擔心服役與社會脫節」、「擔心退伍後的就業問題」及「所學無法發揮」。「談戀愛」與「缺乏異性交往機會而煩惱」排名第四名和第五。壓力源及因應方式均因不同背景變項而有顯著差異,壓力源分量表中,以「軍中壓力」和適應總量表相關最高 r = -.40,因應分量表中,以「積極因應」和適應總量表相關最高 r = .50。影響軍中適應的壓力量表中,「軍中壓力」和「個人情感壓力」

可解釋其 16.6%軍中適應的狀況。因應分量表中，「積極因應」和「消極因應」可解釋其 42.5%軍中適應的狀況，「因應方式」對「軍中適應」的影響較大。路徑分析的結果亦證實役男「軍中壓力→因應方式→軍中適應」，但其中以「因應方式」對「軍中適應」的影響較大。

 ## 三 義務役軍人的壓力調適

從以上研究結果得知，役男的軍中壓力來源多為部隊限制因素造成，例如，「軍中受限太多」、「軍中生活枯燥乏味」、「缺乏自己的時間」、「睡眠不足」、「薪餉不夠支出」等，而傳統觀念中「體能、訓練」等壓力源反而排名後面。顯示目前役男服役生活，壓力指數並不高。且役男軍中適應的結果，因應壓力方式的影響力遠較壓力源重要，其中尤其是積極因應對軍中適應的影響力最大，若要達到適應良好，當培養役男積極因應壓力的能力，而且適度的壓力，才會有好的績效，例如，對役男的體能戰技、軍事紀律要求高，雖壓力較大，但只要能積極因應，一定會提升役男的挫折忍受力、體能，及部隊的戰力。因此建議：

1. 所謂「養兵千日，用在一時」，軍隊本應屬於高壓力的情境，平日訓練時給予役男適應的壓力，絕對有其必要。可透過各項研究及平日體能戰技測驗結果，審慎評估目前部隊戰技訓練、體能要求、內部管理等方面，是否符合戰備所需，以決定未來訓練役男的重要依歸，在「部隊安全」與「戰力績效」中找到一平衡點。

2. 役男平日培養積極因應壓力的方式，鼓勵他們有積極因應的管道，例如，聽音樂、唱歌、運動、正常休假找朋友家人等等，以紓解壓力來源，增進身心健康及部隊適應。

3. 多關心外島服役弟兄，開放家人探親、正常休假、廣設電話等制度，外島弟兄也能因積極因應適應良好。

4. 加強與民間社會大眾溝通：多數役男與民眾仍認為軍中是黑箱作業，對軍中因不了解而產生誤解。因此建議軍方能擴大且持續進行許多開放措施。例如，藉

由艦慶年節,開放基地參觀;製作入伍過程錄影帶,在役男報到後,供役男的父母觀看;或開放營區,供家長參觀,並舉辦家長說明會,解答家長提出的問題;對關說的役男,一律以正常關心對待,但不能享有特權。務必做到兵役制度的公平、公開。

5. 加強部隊的內部管理,如提升幹部素質、休假正常化、落實在籍服役、照顧服役弟兄等。

6. 積極輔導剛下部隊一至三個月的役男,將其列為重點輔導階段。

7. 服役認知與心態對軍中適應的影響力大,積極加強入伍前服認知教育,例如國防部與各級學校(高中職、專科、大學)密切聯繫,透過軍訓教官或由國防部主動至各校對即將服役的役男舉辦說明會,澄清及解答役男的各項問題,提高役男對服役的認知心態。

8. 役男服役前,調整自己的作息時間及體能,至少入伍前一個月,開始訓練體能,練習跑步、伏地挺身等運動,且每日訓練自己早睡早起,作息正常。其次將自己服役心態調整好,認為當兵是國民應盡的義務、服兵役是一種榮譽、服完兵役的人才是成熟的男人等,都可降低服役壓力。

四　志願役軍人的壓力與生活

　　志願役軍人與義務役最大的不同,在於軍人是他的職業也是志業,因此每月薪水比義務役(視階級而定)較高,服役期間較長。因此志願役軍人的生活壓力與義務役軍人並不相同。分別說明如下:

(一)輪調頻繁所帶來的壓力

　　職業軍人的軍旅生涯中,輪調是人事管理的重要政策。因此,除了少數技術後勤或學校教官外,大部分的職業軍人都需要交叉歷練領導職及參謀職。因此每隔兩年到三年職務就會調動一次,有時擔任部隊主要指揮職,過一段時間又調到幕僚單位擔任參謀職。在這種調動頻繁的生涯中,所需要的工作技能是多元的,工作的地點也會改變,有時台東、有時金門、有時台北,所面臨的人、事、物都

有所不同。每到一個新的工作環境，一切都從頭來過，長官是新的、部屬是新的、工作內容也和從前不相同，因此若適應能力欠佳的軍官，或是工作轉變超過自己的能力，都容易產生壓力。

(二)人際壓力

全世界的軍人都相同，服從為軍人的天職。因此職業軍人的壓力中，長官的壓力始終居高不下，因為軍官享有較大的主觀裁量權，再加上軍人必須服從，因此若碰上與自己風格迥異的長官、要求近乎完美工作狂的長官、情緒管理能力較差的長官，或是只看上不看下、把部屬踩在腳底下的長官，都容易造成職業軍人的工作壓力。

(三)生涯發展壓力

軍事階層因講求服從，故階級意識特別強烈。從軍校生開始，學長就有權力管教學弟，學弟必須服從，因此職業軍人的升遷就顯得益形重要，職位愈高，代表權力愈大，薪水愈高。但軍中的人事也是一個金字塔，基層的人數多，高層人數少，因此每到占缺升遷時，總有幾家歡笑幾家愁。而且軍中文化是，過了期別就不再檢討，只能退伍或轉任他職，也就是過了該占缺升官的時間，以後永無機會。且近年來軍中實施精實案，馬上又要實施精進案。高階的職缺愈加減少，也代表未來軍中人事升遷愈困難，競爭壓力也愈高。

(四)工作本身及角色的壓力

軍人的訓練是以任務達成為最高考量。軍人的工作項目中，除了例行工作外，總有一項「臨時交辦業務」，但臨時交辦業務量有時比正常業務還多，再加上軍中流行「一夜精神」，也就是任何事情，在一夕之間，不論用何種方法，都須達成。因此許多軍中職務的工作壓力往往是沒完沒了，且永遠與時間賽跑，這項完成那項又來，且常常不在計畫內，都是臨時發生交辦的。這或許是訓練軍人臨機反應的最佳機會，但對許多人來說，所做的事情大半不能規劃掌握，且又有時限的要求，壓力自然大。

(五)戀愛壓力

根據月刊報導，軍校學生在唸書這段時間，是交女友的最好時機，過了這段

時間要交到知心女友，就相當困難。原因為軍校生體能比大學生好，因此外表較吸引女生，且每月吃住除外有一萬多元的零用錢，和女友在一起時，出手都比較大方，較容易交到女友。唸軍校時，放假時間固定，學校地點固定，畢業後，分發輪調都無法掌握，交到知心女友更加困難。但軍校生的劣勢為時間不自由，且軍校女生是少數，大部分的軍校男生根本沒有時間及機會認識異性。就算交到女友，無法隨時陪伴在女友身旁，尤其當女友心情低落，或有要事需人陪伴時，軍校男友都無法出現，這是造成軍校生失戀的最重要理由。再加上一般女孩子的父母一聽到女兒交往的是軍人，十個有七、八個反對，理由不外乎軍人待遇不好、女兒一人要獨立撐起家庭太辛苦，或是沒理由地對軍人有不好的刻板印象等，都使得軍校生在戀愛路途中，走得格外辛苦。因此軍校生一般最喜歡交往的對象，以較獨立、成熟且有固定工作的女性為主。

㈥家庭婚姻壓力

軍人因為四處輪調，和家人聚少離多，長期下來，彼此的了解會停頓。此外，先生駐防外地，除了雙方須忍受分離、無法照應之苦，先生需要在兩地之間往來奔波，舟車勞頓，造成日常生活中的不便。倘若沒有積極的管道繼續溝通，持續表達感情，兩人的感情就容易趨於平淡，甚至給第三者乘虛而入的機會。且夫妻分離狀態所產生的寂寞，讓許多年輕太太難以消受，身心都趨於寂寞狀態下，常促使太太尋找另一份感情慰藉，而使婚姻亮起紅燈或是因第三者關係訴請離婚。某位少校軍官太太快生產時，根據預產期從金門請了待產假回台，但太太一個星期後還是沒生，先生只好先回金門，沒想到太太就在先生回去後的第二天生產，而先生因工作任務關係，已無法回台，造成雙方心理很大的遺憾和傷害。再者，軍人休假期間並不一定是假日，太太、小孩都要與先生配合，長期下來也是負擔。若碰上休假期間被部隊緊急召回，使原先安排的計畫完全泡湯，久而久之家庭生活都會受到嚴重干擾。因此，軍人妻子的角色扮演對其家庭有很大影響，若是個性獨立，或許勝任愉快，甚至喜歡這種彼此都有很大空間的生活方式；但碰到柔弱依賴的妻子，不僅妻子適應不良，連帶對整個家庭、先生的前途發展，都有負面影響。

(七)親子關係壓力

　　駐防軍人家庭，因平日甚少在家，教養管教子女的責任都落在妻子身上，容易產生親職責任不平均。孩子因長期與母親相處，父親都是來去匆匆，根本無暇與子女做深入的溝通，在子女成長的過程中，不管出生、學步、牙牙學語、需要男性角色認同等階段，父親經常扮演缺席者的角色，孩子自然與父親較為疏遠，親密關係難以建立。有些軍人甚至會感到孩子對他的抱怨，身為軍人父親，也害怕被孩子遺忘或不受孩子的歡迎，對妻子必須獨立撐起全家、照顧教養子女的責任也心有愧疚，因此在這種心情下，大部分的駐防軍人只要放假回家，都會幫忙妻子做家事、帶小孩，或是全家出遊，以彌補平日對家庭的照顧不足。

五　志願役軍人的相關研究

　　黃靜儀（2002）在駐防軍人妻子生活經驗之質性研究中發現：

1. 駐防軍人妻子會選擇軍人作為丈夫，主要原因是經濟收入穩定的考量。駐防軍人妻子擇偶過程是經由三階段模式，第一階段為刺激階段，女性受到軍人帥氣外表的吸引，進入戀愛的關係中。第二階段是價值評估階段，女性會考慮嫁給駐防軍人的優缺點。第三階段，也就是女性會以現實生活的問題層面來做評估。因此研究發現，駐防軍人妻子在角色階段先有預做調適者，也就是了解未來軍人家庭生活實況，經過深思熟慮，許下承諾者，在實際的婚姻生活中，適應較為良好。

2. 駐防軍人家庭中，夫妻彼此的承諾，占了婚姻穩定要素的大部分。

3. 駐防軍人家庭系統運作時，仍有許多方面待突破。夫妻聚少離多，會產生生活適應上的不習慣；缺乏時間溝通、夫妻間默契不足、情緒上易受影響、性生活等方面需要調適等，使夫妻系統發生阻礙。父子系統也因為長期母代父職，使得孩子與父親關係較不親密。

4. 駐防軍人妻子的社會資源網路甚窄。軍人妻子在支持網路系統中，大多靠自己娘家或婆家的親人幫忙，也可能尋求朋友、鄰居或是同事幫忙，但是軍事組織

或社會組織系統的幫助幾乎沒有。

5. 駐防軍人的家庭長期父職缺乏，對子女身心發展有影響。父親長期不在家，對子女多少會產生影響，尤其是兒子在需要認同男性角色時，父親就更形重要。

6. 駐防軍人妻子負擔多重角色責任與壓力。丈夫不在家，妻子一人身兼妻子、母親、媳婦、嫂子等於一身，若是職業婦女，還得加上工作者的角色。

7. 駐防軍人家庭休閒生活安排較屬於輕便型。駐防軍人家庭安排休閒活動時，有兩個考量因素，一是以孩子為主，另一方面以先生在家的時間為主要考量。而丈夫休假時間不固定，對整個家庭生活的安排和計畫，都會造成變數。

梁成明、羅新興（2001）以 432 名自少尉到上校的志願役軍官為研究對象，了解他們的工作壓力來源。壓力指數依序為「平均工作壓力」、「工作本身要求壓力」、「角色要求壓力」、「主管領導風格壓力」、「生涯發展壓力」、「家庭與經濟壓力」。在各單題的變項中，以購屋經濟負擔、工作時間壓力、工作績效標準模糊、自我期許、精實案對晉升的影響、工作影響與家人相處時光、受訓進修機會不多、部屬安全與表現、上司權威式領導、與長官要求相衝突等壓力較大。不過，整體而言，軍人壓力略高於普通的水準。其中男性的工作壓力大於女性，正期和專科軍官的「生涯發展壓力」大於專修和其他軍官。戰鬥官科在「整體平均壓力」、「工作本身要求壓力」、「主管領導風格壓力」、「家庭與經濟壓力」大於非戰鬥官科，但「生涯發展壓力」卻較非戰鬥官科低。未婚軍官在「工作本身要求壓力」大於已婚軍官，但在「生涯發展壓力」卻較已婚軍官低。

六　志願役軍人的壓力調適

1. **把握各項進修機會**：使自我能力不斷提升，不但有助於軍旅生涯的發展，對工作能力的提升也有很大幫助。

2. **調整自己的個性更有彈性**：不論是領導職、參謀職，或是教職、專業職等，在軍旅生涯中都必須不斷地交叉歷練，才能進一步升遷。而上述每一職務，工作特性不同、要求不同，所需特質也不同，因此志願役軍官必須個性彈性開

放，才能適任每一種職務。

3. **適當的休閒運動**：外界對軍人的印象，一向是刻板、嚴肅、體能較佳的，事實上軍人對體能的要求的確比其他行業高，但平日工作較少變化。因此職業軍人更應該培養休閒活動的興趣，以調整自己的身心健康。

4. **選擇婚姻要慎重**：軍人的妻子很需要獨立、堅強、開朗特質的女性，雖然這些特質可以在婚後培養，但若能在婚前選擇配偶時，將這些因素考慮進去，較能促進婚後的美滿和諧。

5. **家庭溝通要重視**：職業軍人長期駐防在外，與妻子、孩子的接觸時間少，因此平日的溝通益形重要。不論透過電話、傳真、手機、電子信箱等，都能傳達對家庭孩子的關心。除此之外，軍人的個性較為權威性格，陽剛性較重，須常提醒自己家庭溝通與部隊環境的不同，多練習各種溝通技巧，才能增進家庭親子關係。

第二節
警察的壓力

一　警察是聖人、超人還是爛爸爸、爛丈夫

前總統陳水扁在某次談話中提到，有一次下鄉在某分局的廁所牆壁上看到「警察＝聖人＋超人＋機器人」，這行被劃掉換成下面一行「警察＝爛爸爸＋爛兒子＋爛丈夫」。這兩句話明顯地道出警察工作的辛勞與辛酸。在社會大眾及長官的心目中，希望警察扮演聖人、超人與機器人，但警察實際的生活卻是公私無法兩全，為了把工作做好，只好犧牲自己和家人，做個差勁的兒子、父親及丈夫。張錦麗在《愛上警察——警察家庭心理手冊》（梁秀鴻譯，2001）這本書的序文中提到，一般外界的人看警察，總覺得他們有槍、有罰單、有會鳴叫的警車，神氣

得不得了，因此警察不能犯錯，一有問題，第二天一定是頭版，外加評論批評。事實上，他們自己認為是「帶槍的弱勢族群」。另外，這本書也提到（第 27頁），警察是一個全然付出的工作，第一必須輪班；第二工作時間長；第三是工作本身所帶來的危險性與不可預期性；第四是警察與其家人的生活，為公眾所關注的焦點；第五是在巡邏時，容易造成工作傷害。而且這種工作無法有太多的改變。書中描述警察的工作是三小時的無聊等待、伴隨兩分鐘的恐怖，和六小時的寫工作報告。每次值班都是不可預期的，因為總是有臨時性的任務、非計畫性的加班等。

　　鴻雄是一名派出所的主管，擔任警察工作將近二十年，在他的同學中，有轉業的、出國唸書的、被收押判刑的，也有因公殉職、自殺、受重傷的，同學中已有五人往生，兩個自殺、三個因公殉職，還有一個因緝捕一名政治犯時，對方引爆瓦斯自殺，害得他除了穿防彈背心的部分未被燒傷外，臉、手、腳部皆面目全非；經過長期治療，雙手已沒有毛細孔，排汗困難。

二　警察工作吃重又繁雜

　　警察的工作包羅萬象，從巡視社區、掃蕩電玩和色情、取締路霸與攤販、拆招牌、開罰單……，樣樣都需要警察，工作內容盡是些吃力不討好的工作；「前陣子沒收了一個攤架，有人說告發就好了，何必要斷人財路；但也有人認為攤販破壞環境清潔，是應該取締的……」，警察工作常陷入左右為難的苦處。長久以來，部分民眾對警察的評價總是毀譽參半──既期待他們除暴安良改善社會治安，又不希望他們在執行公權力時影響到私利，這種心態讓警察的角色顯得尷尬而困難。「夫妻吵架、鄰居因屋頂漏水交互指責、半夜噪音擾人眠等生活瑣事也找上警察，若處理得當，多少還能受人感謝，萬一調停不成，就會演變成兩邊都不是人的局面。」「為什麼大家不得不需要警察，卻又要求那麼苛刻？」這樣的現象確實難讓警察心理平衡。警察雜務多，加上重大刑案遲遲未能偵破，民眾又要怪罪於警方辦案不力，承擔壓力之大，實非外人所能理解。

三　隨時待命勤務不斷

　　警察幾乎天天都是十二小時的勤務，他們必須頂著大熱天，騎著摩托車四處巡邏；即使回到警所內，仍必須隨身配戴著槍、無線電待命，以應付所有臨時可能發生的狀況，故精神常處於緊繃的狀態。若擔任派出所主管，須承擔更大的責任，每週只有一天輪休、兩天外宿，一星期只有這三個晚上與家人相處，但若是碰上署辦、局辦擴大臨檢，主管必須親自帶班值勤，甚至熬到凌晨一、兩點才能回家。

　　警察不僅要日間輪班，還須夜間輪班，因此許多警察的生活作息難以正常，這種生活方式不僅影響正常睡眠，還會影響休假時的品質，當晚上值班回到家中休息時，家中成員必須配合，保持安靜讓值班回來的家人能睡個好覺。這種情形對單身而言，較不困難；但對家中的幼小子女，可就不是件容易的事。且因為無法正常地週休二日，在週末、假日、社交或孩子的學校活動時，無法與家人共處，甚至和以前的朋友也因此而疏遠。在犯罪率高的地區，夜間是罪犯活動力最強的時間，夜間值班比白天還要忙碌；在犯罪率低的地區，在無人的深夜中保持全然的清醒，也是件相當不容易的事情。

四　警察的家庭

　　在警察的訓練中，將自己奉獻給工作而非家庭是一個重要的信念，因為這和升遷有關，警察們也相信自己的打拚，可使家人過得更好。因為長時間的工作，以致筋疲力竭，經常無法和家人好好相處而日漸疏遠。鴻雄說「每當我踏進家門，看到太太和孩子們睡得很甜，就覺得很欣慰了。」當妻小上班、上課出門時，鴻雄可能還累得躺在床上睡覺，所以整個家庭關係變得很疏離；當有重大刑案發生，全國警力緊急總動員投入偵辦工作，他甚至有十幾天未曾回家過夜，連孩子生病了也沒去探望。且由於警察工作的高危險性、高辛勞性，以及長時間工作壓力緊

張、外界對他們的負面評價，使得他們的思考、情緒與行為易受到影響。有一位警察的配偶就抱怨，先生習慣用訊問嫌疑犯的口吻對她和家人說話，導致家中氣氛很差，孩子也不願與父親溝通，而警察爸爸卻習以為常、毫無自覺。

五　警察的相關研究

國內警察的相關研究有很多，摘取部分研究結果如下：

根據中央警察大學犯罪防治所朱源葆（2002）所做的研究，警察整體心理困擾的前五名壓力依序為「睡眠不足」、「與差勁的長官共同執勤或共事」、「放假被召回服務」、「機關內部又變更許多新的規定」、「長官民意代表親友請託案件」。長期生活壓力最嚴重的前五名依序為「警察改革跟不上腳步」、「警察社會地位低」、「公權力不彰」、「媒體對警察負面評價」、「民眾對警察負面評價」。

林健陽（1997）對監獄管理人員所做的研究中，發現有外在壓力的管理員常認為他們的工作較有危險性，時常擔心受刑人傷害他們；有內在壓力的管理員在心理上感到壓力大、緊張不安，較無法心平氣和地面對工作。且這二種壓力有正相關，也就是感受到外在壓力的管理人員其內心常是緊張、焦慮和不安的。監獄管理員的工作是具有危險性、壓力性的職業，尤其近年來我國犯罪問題日益嚴重，監獄管理員轉業、離職率高。

翁萃芬（2002）研究警察的壓力，以重要節日因工作無法返家為首要壓力。不同年齡警察之工作壓力無顯著差異；教育程度愈低、從警年資愈短，工作壓力愈大；以服務單位而言，其中分駐、派出所、警備隊工作壓力最大；都會區、警官、女性、內勤、已婚的警察壓力小於鄉村區、基層佐警、男性、外勤、未婚的警察人員。

整體而言，警察人員親身經歷的工作壓力感受呈偏低情形。因此綜合國內警察壓力研究結果：

1. **工作時間太長，工作量大**：歷年的研究（陳明傳，1981）有五分之四的員警

認為警察的工作時間太長，希望有更多的時間照顧家庭，超過九成以上的警察，認為工作會影響全家人共同的休閒活動。五分之四以上的警員認為夜間輪流值勤嚴重影響睡眠，難以消除疲勞，容易造成家庭生活不協調，夫妻及親子關係不和。除此之外，輪班和值夜班制度，也容易破壞生理的規律，阻礙個人社會支持網絡的聯繫，節慶假日無法回家。工作也會改變個人的生活步調，連下班後休假時仍放心不下公事。

2. **工作具有危險性**：警察經常面臨許多無法預知的危險，除使用槍械圍捕行動外，其他如臨檢、巡邏、掃蕩、追擊歹徒、拘提、逮捕、營救人質、攻堅、刑案偵察、勤區查察等，都有可能身處險境。此外，工作情況隨時有變化，若嚴格遵守規定（如開罰單、執行酒測、拆除違建），又容易成為被指責或攻擊的對象，有七成警察認為因其工作不安全而不安。

3. **工作程序繁雜**：基層警員的工作內容雖然明確，但嫌繁瑣，組織系統分明，作業方式繁文縟節，以受理報案或犯罪偵查而言，各項報表、現場處理、筆錄製作及移送等，在在需要消耗人力時間，且程序複雜。法律及法庭常忽視警察人員的職權，對其偵辦刑案給予太多束縛，或是辛苦逮捕的嫌疑犯，卻被法官輕易地宣判無罪或釋放，使基層員警感到挫折。

4. **外力關說人情干擾**：警察執法時，常會受到內部如各級長官、同事，外部如民意代表、記者、親朋好友、檢調單位的干擾、關說等。歷年來研究顯示，至少五成以上的警察認為，工作時經常受到人情干擾。

5. **內部人事管理**：警察的內部人事管理，如升遷不易、內部溝通管道不暢通、下情無法上達，且基層警員進修升學管道狹窄，影響基層員警的士氣。再加上上級經常以績效掛帥，不當地督導及要求，更造成基層警員的壓力感。

六　警察壓力的反應

警察最喜歡的感覺是當自己受到暴力攻擊時，可以控制情況，不會感到無助，但事實卻不一定如此。民雄在一次臨檢時，認為對方可疑，令對方停車接受檢查。

沒想到對方隨即掏出槍來，對準同事，民雄當時反應的時間，只有一、兩秒時間，他隨即掏出槍來，射擊對方，子彈射穿了對方的手臂，整個事件發生不到一分鐘，但是後來卻花了好幾個月的時間接受調查、寫報告等。天瀚第一次出勤任務時，追逐一個小偷，小偷回頭過來，對他開了一槍，雖未擊中卻把天瀚嚇呆了，讓他了解到自己工作的危險性。工作中如此容易碰到暴力事件，且每一次任務都有可能遇上受傷及死亡，因此如同戰場軍人一般，警察也會發生創傷後壓力症（簡稱PTSD）。

根據警察的調查，容易發生重大創傷壓力的事件有：⑴涉及槍擊事件；⑵長期事件，結果不是我們想要的，例如綁票事件中失去人質；⑶因公殉職；⑷值勤時誤傷同事；⑸因警察行動誤傷市民；⑹造成各種嚴重結果的事件；⑺充滿血泊或殘酷可怕細節的場景；⑻同事自殺；⑼孩子受創致死；⑽嚴重地傷害到孩子；⑾受害者是警察私人的朋友。再加上這些事件引發媒體大量注意所帶來的壓力，遠勝過其他人所帶來的壓力。

根據研究顯示，當警察壓力過大時，可能採取的方式有濫用藥物、暴力行為、自殺及飲酒等。例如，當警察壓力過大時，很容易脾氣暴躁甚至攻擊人，且警察的自殺率是所有公務員中最高的，且自殺者的官階有逐年提高的趨勢（《警光雜誌》，1998）。

七　警察的生活調適

1. **把家人放在前面**：傳統警察的教導，會使他們過度投入工作，家人關係變差。但因為警察工作是高壓力、高危險的工作，家庭在其壓力紓解過程中，扮演最重要的角色。因此與家人平日的相處，要把焦點放在自己所能控制的部分，也就是夫妻花時間相處、參加各種家庭活動、相互溝通、一起為家庭目標而努力。同時也接受自己無法掌控的部分，視其為工作的一部分，例如，偶然發生的緊急事件、重大創傷意外、臨時的值班、政治和官僚體制的運作等。

2. **適當的運動，保持良好的身材及體能**：事實上，警察工作對體能的要求的確

比其他行業高，因持續一套對柔軟度、心肺健康、肌肉強度、放鬆技巧的運動休閒，能將整天工作緊張的情緒宣洩出來，縱使是輕微的運動，如散步、整理花圃，都能淨化腎上腺素產生時所帶來的過度警覺，對工作及身心健康都有幫助。

3. **做好時間管理：**安排好每日行程，並依照這些已排定的行程行事。工作過勞的警察往往被工作累得半死，最喜歡坐在電視機前看電視，不斷地轉台，不喜歡做其他事情。專家建議多事前規劃自己時間，並按表操課，而不要憑自己的感覺或喜好行事，良好而正面的經驗往往來自自律力量。

4. **學習情緒表達，傾聽自己內在反應：**警察工作中有許多情緒、壓力、痛苦、辛酸，甚至重大創傷壓力等，不當的累積或壓抑，往往使問題更加嚴重，因此警察須找到適合自己且安全的情緒表達方式，例如畫畫、聽音樂、寫作、打電動、內在自我對話、向配偶訴說、找朋友聊天……，只要適合自己且安全，不會造成他人負擔的方式都可嘗試。若能透過自助方式，或是內在自我對話方式解決自己情緒壓力的問題，效果更佳。

第三節
服務業的壓力

一　新聞從業人員

新聞工作的特性，包括與時間賽跑、社會互動性、知識結構與表徵轉換等四個面向。就時間壓力而言，新聞工作永遠是在時限下完成任務，在各種新聞實務中，常可看到記者面對各方的壓力，如 921 地震，記者為了採訪新聞，在交通斷絕的情況下，冒著危險，電力不通、手機不通、沒有充足糧食飲水，隨時有突發狀況，自己寫稿發稿。大園空難時，記者比救難人員早一步趕到現場，面對遍地

零落屍首、哀嚎遍野,還要保持鎮定,隨時與SNG連線。美伊戰爭時,曾在伊拉克的邊境進駐了近三千名來自全球的記者,在真實戰場上,槍彈是不長眼睛的,他們隨時面臨生命的危險與威脅,在這場戰爭中,就有數名記者因採訪新聞而喪命。

劉玉惠(1991)研究報社文字記者的工作壓力,依其強度排列有以下數項:害怕漏遺新聞、工作時間過長、不能經常和家人在一起享受美好時光、一天二十四小時都有備戰感覺、薪水必須負擔大部分的家庭生活開銷、經常有工作與家庭無法兼顧的問題、為稿源不足沒有新聞可報導而擔心、對現有薪水感到不滿、能力超過目前所擔當的職責、擔心不能在截稿時間內交稿。

林信昌和臧國仁(2000)的研究指出,新聞從業人員的壓力比圖書館員、國中輔導老師略高,接近精神科護理人員。且年齡愈輕、年資愈短、未婚者的成就感較低。

二 高科技從業人員

高科技產業,一般而言是指產品生命週期短、製造技術進步快、資本與技術密集度高、市場變動速度快且風險高、研發需求強、市場高度競爭等特性的產業。如美國為化工製藥、電腦產品、電機與通訊、專業及科學儀器、航空及飛彈等,我國則是以資訊科技、光電、生物、材料、自動化科技、能源科技、B型肝炎防治科技、食品科技產業為主。基本上高科技的工作特性中,產品壽命週期短、複雜性高、技術變化快等,一切活動都在與時間競賽,因此「時間的急迫性」與「高度確定性」是造成壓力最主要的來源。

㈠科技人的身心狀況

屬於高風險、高投資報酬率的科技業,隨著收入增加,員工的壓力症候群也跟著來,包括憂鬱症、躁鬱症、焦慮症,都是科技人常見的疾病。且身處高度壓力的工作職場,科技人文明病似乎有遞增的趨勢,胃絞痛、B型肝炎、脂肪肝等疾病,在科技從業工作者身上隨處可見,新竹醫院日前為竹科一家晶圓廠進行員

工健診時發現，有脂肪肝的員工竟然超過一半（網路資料），也發現科技人飲食過當的現象比比皆是。進入無塵室工廠工作的科技人，晚上八、九點才出來的工程師，通常三餐用膳時間不正常，也較易導致非潰瘍性消化不良。從業員工除了最常患的五十肩、腰痠背痛、腸胃不適、躁鬱等病症之外，不易受孕、家有自閉兒的比例，也逐年攀升，「自我要求高」，潛在的胃腸不適、精神官能等疾病因子也容易發作。

一位軟體設計工作者阿誠，連下班回家後還在想軟體作業系統的設計方法，除了睡覺之外，阿誠沒有時間交女朋友，三十二歲的年紀，臉上仍長滿帶有膿包的「青春」痘，坐在家中書房焚膏繼晷，曾幾何時，阿誠無意中便會拔下頭髮，並吃下髮根上的毛囊，這種近似精神異常的行徑，家人受不了，他更是不自知，一個月後，阿誠的頭髮漸漸稀疏，在家人的陪同下，阿誠才赴醫就診。

㈡科技人的心理壓力

美國矽谷是全世界高科技的天堂，這幾年資訊工業不景氣，矽谷的失業率也高達 8%，等於三年間增加一倍，辦公室的空屋率達 30%，更可怕的是無預警地被主管叫進去辦公室，談自己被公司資遣，半小時回來後就發現電腦進不去了。但高科技人員雖有慘澹的一面，卻也有積極的一面，這批從人生最高點跌到最低點的菁英，不少人正積極從挫敗經驗中，找出往上再提升的正面教材。

㈢高科技人的孩子也受到影響

最近一家國際電腦大廠的員工一狀告到法院，控訴所生下的畸形兒和自己在與電腦、晶片為伍的工作環境導致精子病變有關，因此生出的嬰兒畸形，要求公司提出賠償；而其他的同事中，罹癌的比例也比一般人高，另外員工生出肢障、顱骨異常及眼盲的孩子也時有案例發生，員工委任的律師決定要向公司討公道。

能生出孩子有人煩惱，生不出孩子也有人煩惱。「工業化的國家，不孕症比例的確有偏高跡象」。以美國為例，不孕比率為 10%至 15%，至於歐洲結婚一年以上的夫婦而未懷孕的比率，則高達 16%。在所有的不孕症病人當中，以「無法解釋的不孕症」所占比率最高，約占 15%至 20%，這其中便包括工作上的壓力、情緒等因素在內，對於高所得的科技族群而言，又以工作壓力造成的不孕夫婦最

多，當然，有些高科技製造工廠內的特殊環境，也會造就工程師及作業員「包生」兒子或女兒的「傳統」習俗，業界便流傳著：在晶圓廠無塵室內黃光區的從業員工較容易生男孩，而待在晶圓廠蝕刻區較易生女孩的傳說；至於長時間在印刷電路板廠區工作的員工，可能因有機溶劑揮發之故，其生女孩的比例較高，同樣地，在發光二極體（LED）等光電產業界的工程師，生女孩的比例也相對偏高，這些傳言雖無醫學根據，不過以竹科晶圓廠實際線上作業員工的小孩性別加以分析，也大致與傳言不謀而合。

㈣高科技人員的相關研究

　　曾有研究針對美國中西部十八家大公司的 580 位資訊人員進行問卷調查，其中回答者高階資訊經理人（資訊副總或經理）有 122 人、中階資訊經理人（課長或二級主管）有 125 人、系統分析師及程式設計師共 259 人，發現下列結果：

1. 資訊人員認為工作壓力來源的因素中，溝通帶來的壓力占第一位（平均 3.04），其次依序為工作酬償（2.96）、時間壓力／工作負荷過重（2.85）、與同事工作關係型態（2.71）、角色混淆（2.70）、組織變革（2.59），最後為生涯發展（2.36）。

2. 因壓力影響的心理症狀部分，⑴資訊人員由壓力所引起的工作緊張，平均分數為 2.46，屬中等程度；⑵而資訊人員的壓力紓解程度（暫時離開工作後能把壓力放鬆），平均分數為 3.34，亦屬中等程度；⑶資訊人員在工作壓力下的工作滿足感，平均分數為 3.59（5 分最佳），表示資訊人員仍合理地滿足其工作；⑷資訊人員對組織的承諾平均分數為 4.23（7 分最佳），表示資訊人員亦相當地認同其組織。

3. 因壓力引起的生理健康相關行為症狀方面，⑴以六個月內，調查二十八種與壓力有關的疾病（例如，頭痛、高血壓、心臟病、腸胃疾病、背痛等），資訊人員平均曾經歷過 12.39 種的疾病；⑵而疾病的嚴重程度方面，資訊人員以其曾經歷過的疾病數乘以嚴重程度的指數（4 分最高、1 分最低），得到平均指標數（index）為 21.53。以上二種指數反映資訊人員與壓力有關的健康狀況，指數愈高指壓力所引起的生理健康症狀愈嚴重。

4. 其他因壓力引起的行為症狀方面，仍然以最近六個月內為衡量期間，資訊人員平均每天喝 3.31 杯咖啡、每天喝 2.53 次的酒、每天抽菸 1.85 根、每週吃 2.08 顆的阿司匹靈、每月吃 1.13 顆的鎮定劑、六個月內的住院次數平均 1.08 次，在這六個月期間因病請假平均有 1.88 天、看醫院次數平均有 2.06 次、因工作壓力而感受到心情上的低落則平均有 2.33 天。

　　李嘉聖、陳益世（1999）以新竹科學園區之研發人員336名為對象，研究「高科技產業特性、工作壓力、工作滿意暨離職傾向之相關性研究」，結果發現：

1. 高科技產業特性（產品壽命週期短、複雜性高、技術變化快）與角色壓力是造成工作壓力最主要的來源。

2. 工作壓力愈大，工作滿意度愈低，離職傾向愈高；工作壓力對工作滿意之影響因 A 型人格及壓力處理方式之不同而有差異。

3. 工作滿意度愈高，離職傾向愈低。

　　朱明謙（2001）對高科技產業從業人員休閒行為、工作壓力與工作績效之研究，發現：

1. 高科技人員所知覺的工作壓力高於中間值，且會因性別、教育程度、工作部門、工作職務、婚姻狀況、子女人數、工作地點、通勤時間的不同而有顯著之差異。

2. 高科技人員之工作壓力與工作績效間有顯著的相關存在。其中，「組織氣氛與員工發展」、「工作環境與適應」、「工作負荷過重」、「角色衝突與模糊」等心理反應與整體工作績效呈負相關；此外，工作壓力對工作績效有顯著的預測力。因此，若給予高科技員工適度之工作壓力，將有助於工作績效的提升。

　　綜合上述研究顯示，科技從業人員確實因產品壽命週期短、複雜性高、技術變化快等工作特性而感到壓力，壓力值高於中等程度，會因為性別、教育程度、工作部門、工作職務、婚姻狀況、子女人數、工作地點、通勤時間的不同而有顯著之差異。工作滿足感為中上，組織承諾程度也在中上。工作壓力與離職率有顯著正相關，也與工作績效呈負相關。休閒生活對工作壓力的紓解有積極正向的幫助。

三　護理人員

　　護理人員又稱白衣天使，以南丁格爾作為工作表率，在護理工作要求中，希望每位護士有愛心、耐心、智心、信心、進取心來執行每日的工作。但現實的狀況是，護士待遇差、工作時間長、須不定期輪班、面對人生生離死別並害怕被感染等。

　　綜合葉莉莉（1994）及顧淑芳等（2006）研究護理人員工作壓力的研究結果，護理人員的壓力源為：

1. **隱瞞病情的壓力**：當宣布病人罹患癌症幾乎是宣判病人死刑，因此一般醫師在確定診斷後，只會將此訊息告訴家人而非病人，並囑咐護士勿將實情告訴病人。當病人問道：「我的病會不會好？」、「我何時可以出院？」等問題，在此情形下，護士只能用模糊曖昧的語言與病患互動，不敢據實以告，怕動輒得咎。想關心，卻又不知如何表達得當。

2. **怕被感染的壓力**：抗癌藥物可以用來治療癌症，但亦可能導致癌症，雖然醫院會採取特別的防護措施來保護醫護人員，但各項治癌藥物在各單位主要仍由護士調配，護士仍覺壓力很大，擔心因此吸進藥物致癌。國外研究也發現，癌症醫護人員感受最高的壓力源為「暴露在有感染危險的環境中」。照顧愛滋病的護理人員十分擔心在照顧過程，可能暴露於被感染的危險中。曾經流行的SARS 病毒及 H1N1，醫護人員沒有不接觸病人的權力，少數醫師也因此被感染，醫療人員的壓力大。

3. **成功注射靜脈留置針的壓力**：重症病人長期與病魔抗戰，其體質愈顯脆弱，每次要成功地注射藥物或營養針，對護理人員而言，有極大壓力。有些病人就是不要給醫師打，要叫護士小姐來，或是老病人會選擇血管、選擇部位，要護士一針就 on，否則就要找第二個來。因此即使是經驗老到的護士，也倍感壓力。

4. **副作用處理的壓力**：所有抗癌物質都是強力的毒性物質，病人接受治療後，

或多或少會產生副作用。當病人對副作用抱怨時，護理人員常有無力感及不知如何處理的壓力，如做化學治療會吐，護士已提供病人衛教，但病人還是吐，護士會有強烈無力感，不知如何才能幫助病人。

5. **對治療不合作的壓力**：當病人不接受醫生的治療或囑咐，對治療有自己意見、自行停藥或不與醫護人員合作，或採用各種偏方時，例如，副作用出現，病人就要求不做了，或自己把點滴拔掉等。面對這類有自我強烈意見的病人，護士的壓力感受相當大。

6. **病情變化或病人自殺的壓力**：雖然家屬及醫護人員多少有心理準備，知道病人終會走到人生終點，只是時限不知，但真的面臨病人病情惡化、走下坡卻不確定何時往生時，壓力仍是很大。照顧病人久了難免有感情存在，而病情變化意味隨時要面對與病人分離的壓力。當病患自殺，醫護人員會有強烈的自責與無力感，認為只要觀察到病人有輕生反應，應該可以事先預防處理。

7. **特殊病人照顧的壓力**：當護士面對重症病人，不知道該採取何種方式與病人說話互動，容易產生一種惶恐的心理，也擔心自己說錯話傷害病人。某護士說，當病人問她「我死的時候會不會很難看？」這種問話難以回答，只能沉默點頭，在那時候會懷疑自己還能為病人做什麼？當病人和護士成為朋友時，護士會認同病人，一旦護士與病人彼此認同時，要退縮成醫病關係時，自己會感到罪惡。

8. **治療衝突或道德衝突的壓力**：有些疾病治療雖然能增加病人存活的年限，但是治療本身所帶來的副作用，會使病人身心承受極大的痛苦。經濟上的負擔，雖有健保給付，但在長期開銷下（貼補病床費、陪病傭費、營養費……）也多呈現困窘，許多家庭也因此顯現極大的經濟危機。因此護理人員對治療的正向效果（延長生命、減緩症狀）和負向效果（生活品質及人的尊嚴）間，難免有衝突的感覺。有些護理人員看到病人，想到自己「如果我是這個病人，我一定不會接受這個治療，與其這麼痛苦地活著，不如讓自己快快樂樂地想做什麼就做什麼」。照顧愛滋病患的護理人員也會面臨道德上的衝突，像是認為同性戀是變態，但又必須照顧他們。

9. **心理社會照顧和知識不足的壓力**：許多護士表示不敢和病人談死亡，無法真正去談，其實彼此都知道，但就是不敢提「死」這個字。病人其實很害怕死，卻沒辦法跟他談。會覺得書上說的是一回事，能做的又是另一回事。護士們體認到，如果多一點心理社會照顧的知識與能力，在處理病人的行為時會更得心應手。

10. **專業上的壓力**：白色護理制服代表的是一種專業訓練，穿上制服時就有壓力與責任，表示要有愛心、一視同仁地照顧病人，包括愛滋病患、SARS病患，但脫下制服後，護士也許和一般人一樣，也會用歧視的眼光看這些病人。

四　服務業壓力之調適

　　分析結果發現，服務業應針對員工喜愛的休閒活動，設置休閒設施，針對員工的需求，建立良好的休閒機制，並增加壓力管理的課程，使工作人員將休閒作為紓解壓力的緩衝劑。

1. **適當的運動，保持良好的身材及體能**：服務業的工作者每天的工作都在與時間賽跑，中午吃飯時間只有一、二十分鐘，因此運動對其生理、心理壓力紓解益形重要。持續一套對柔軟度、心肺健康、肌肉強度、放鬆技巧的運動休閒，能將整天工作緊張的情緒宣洩出來，縱使是輕微的運動，如散步、整理花園，都能淨化腎上腺素產生時所帶來的過度警戒，對工作及身心健康都有幫助。

2. **做好時間管理**：安排好每日行程，並依照這些已排定的行程行事。工作超勞者往往被工作累得半死，最喜歡坐在電視機前看電視，不斷地轉台，不喜歡做其他事情。專家建議多事前規劃自己的時間，並按表操課，而不要憑自己的感覺或喜好行事，良好而正面的經驗往往來自自律力量。

3. **調整自己的認知想法**：有些服務業工作者，往往因自己本身教育程度較高，對自我期許高，再加上工作節奏快，在想法上也不易放鬆，容易要求完美，或是接近 A 型人格特質，應調整自己的生活步調，非工作時放慢自己的生活步調，尋找適合自己的信仰生活，或身、心、靈的哲學修行，例如，從事志工等

都有益於壓力紓解及生活品質的提升。

4. **學習自我抗壓或減壓**：可學習冥想、緩慢呼吸，從緊張的生活中抽離出來，盡量達到放鬆。

 關鍵詞彙

軍人壓力　　　　　　　　志願役軍人

義務役軍人　　　　　　　警察壓力

自我評量題目

1. 我國義務役及志願役軍人的壓力源為何？應如何調適？

2. 軍人及警察的生涯，對其戀愛及婚姻生活產生的影響有哪些？

3. 警察應如何調適其壓力？

4. 護理人員的壓力源有哪些？可從哪些方面降低或調適？

參考文獻

中華解放軍報（1998）。12月27日第十版。

朱明謙（2001）。**高科技產業從業人員休閒行為、工作壓力與工作績效之研究**。義守大學管理科學研究所碩士論文，未出版。

朱源葆（2002）。**警察人員心理困擾成因之研究**。中央警察大學犯罪防治所博士論文。

吳惠敏（2001）。**兒童及少年時期性侵害盛行率及相關因子研究：以台南市和花蓮市高中職學生為例**。國立成功大學行為及醫學研究所碩士論文。

李嘉聖、陳益世（1999）。高科技產業特性、工作壓力、工作滿意暨離職傾向之相關性研究：以新竹科學園區高科技廠商研發技術人員為例。**人力資源學報**，11，93-116。

周玲玲（2001）。**癌症病逝者其中年配偶悲傷適應之研究**。東海大學社會工作研究所碩士論文，未出版。

林明傑、陳文心、陳慧女、劉小菁譯（2000）。**家庭暴力者輔導手冊**。台北：張老師文化。

林信昌、臧國仁（2000）。新聞從業人工作倦怠現象　　以台北市平面媒體路線記者為例。**新聞學研究**，63，91-135。

林健陽（1997）。台灣地區監獄管理人員工作壓力問題之實徵研究。**警學叢刊**，27（4），163-186。

孫敏華（2000）。役男軍中適應量表預測效果及其軍中適應之縱貫研究。**復興崗學報**，67。

翁萃芬（2002）。台灣地區警察人員的工作壓力。**中央警察大學警學叢刊**，32（5），33-66。

梁成明、羅新興（2001）。國軍志願役軍官工作壓力之研究。**國防管理學報**，22（2），1-3。

梁秀鴻譯（2001）。**愛上警察——警察家庭心理手冊**。台北：張老師文化。

陳明傳（1981）。**我國警察機關激勵管理之研究**。中央警察大學行攻警察研究所碩士論文。

陸瑩華（2002）。**中年雙薪不孕夫妻生活經驗之研究**。國立高雄師範大學成人教育研究所碩士論文，未出版。

黃靜儀（2002）。**另類女人：駐防軍人妻子生活經驗之質性研究**。國立嘉義大學家庭教育研究所碩士論文，未出版。

楊軍、楊明譯（2007）。**富爸爸，窮爸爸**。台北：高寶出版社。

葉莉莉（1994）。**中華職業醫學雜誌，2**（1），209-219。

劉玉惠（1991）。**工作壓力的實證研究──以台北市報紙文字記者為例**。政治大學公共行政研究所碩士論文。

蔣欣欣、劉盈君、楊美紅（2002）。照顧愛滋病患護理人員工作壓力與因應行為之初探。**中華職業醫學雜誌，9**（1），11-20。

蔡文佩（1995）。**入伍新兵社會支持與其身心困擾之相關因素探討**。國防醫學院護理研究所碩士論文。

蔡文瑜（2001）。女性喪偶者的悲傷調適歷程研究。**國立台灣師範大學社會教育研究所碩士論文**。未出版。

警光雜誌（1998）。**警察人員應有的壓力管理課程──化壓力為阻力**。12月份。

第四篇
壓力管理

壓力與生活

第七章

壓力管理的基本架構

學習目標

——研讀本章內容之後，學習者應能達成下列目標：

1. 覺察自我之壓力。
2. 覺察自己的壓力及學習對壓力分類。
3. 了解自己的壓力源。
4. 探索自我的壓力反應、歷程及影響。
5. 了解各種壓力檢核方法以及解決壓力之準備。
6. 了解健康與疾病之壓力模式及壓力調適模式。
7. 學習壓力調適之基本策略。

摘　要

　　本章共分三節，第一節為壓力管理的準備——察覺自我之壓力，主要對壓力之性質、種類再加以澄清說明，藉由壓力自我覺察之方法，更精確地了解自我壓力來源、反應、歷程及影響，以為解決壓力之準備。

　　第二節探討壓力檢核方法，嘗試由個人基本生活態度之檢核，介紹如何由情緒、認知、行為、個人生活習慣、環境、工作負荷、時間管理及社會支持等各個向度，檢核自己的基本生活態度，了解自己的生活態度與壓力的關係。進而說明壓力管理的覺察策略，如壓力心情指數日記法、托球法、五方格法、壓力情緒臉譜法、壓力情緒顏色標定法，以及壓力覺察量表法等檢核壓力，以為解決壓力之準備。

　　第三節則分別介紹健康與疾病之壓力模式和壓力調適策略模式，以及探討壓力調適之基本策略，包括認知、情緒、行為與綜合策略。

第一節
壓力管理的準備──覺察自我之壓力

本節內容包括覺察自己的壓力及學習對壓力分類，並正確了解自己的壓力源，探索壓力反應、歷程及影響的自我覺察，讓我們正確認識壓力，覺察自我壓力，做好壓力管理前之準備。

自嬰兒離開母體子宮的保護，面對大氣壓力產生哭聲的那一刻起，似乎注定了人一生離不開壓力，誠如古詩「我本有心向明月，奈何月影照溝渠；我本無心向明月，月影卻與人相隨」。人生中花開花落，月盈月缺，本為自然定律，但此事古難全。然而壓力並非一定不好，學者對壓力之定義各有其獨特見解，個人認為壓力簡單可歸納為三種，於探討壓力管理的基本策略前，首先須了解壓力的本質及自我壓力之分類與分析、覺察自己壓力來源、澄清壓力對自己的影響。

一　覺察自己的壓力及學習對壓力分類

每個人的壓力於不同時機感受可能不同，也可能因個人身心狀況之不同而有所不同，然而重要的是你如何覺察當下自己的壓力。壓力因其性質可分為良質壓力、中性壓力及劣質壓力；也可因時間之急迫及長期分為短期壓力及持續壓力；亦可因其壓力對個人的影響性，分為過度壓力及輕度壓力。首先請你一方面學習了解壓力的性質，一方面覺察你的壓力屬性，以為解決壓力的準備。

(一)依壓力性質分類覺察自己的壓力

1. 良質壓力

即對個體有用的壓力刺激、事件、人物或經驗，如於考試前考試壓力雖不舒服，但卻鞭策我們努力用功或因應考試；於面對急難時激發潛能，保住生命。目前我的良質壓力是_____。

2. 中性壓力

中性的刺激、事件、人物或經驗，即基本上大多之壓力刺激是中性的，因個人與壓力事件之關聯及詮釋而產生壓力，如《儒林外史》楔子中所述：「萬物靜觀皆自得，四時佳興與人同」。目前我的中壓是_____。

3. 劣質壓力

即對個體不好的壓力刺激、事件、人物或經驗，如失眠、疼痛。目前我的劣質壓力是_____。

你目前的壓力若以 100 分計算：

良質壓力占_____%；中性壓力占_____%；劣質壓力占_____%；

以壓力性質而言，壓力優先順序為：_____ > _____ > _____。

㈡依時間分類覺察自己的壓力

1. 短期壓力

即時間突發、緊急發生之壓力，如家人急病、臨時調職。目前我正面對的短期壓力為_____。

2. 持續壓力

即時間長期性壓力，如上、下級或同事之間長期相處不合、家庭親子或夫妻關係不良。我的持續壓力是_____。

你目前的壓力若以 100 分計算：

短期壓力占_____%；持續壓力占_____%；

以時間性質而言，壓力優先順序為：_____ > _____。

㈢以壓力的影響性覺察自己的壓力

1. 過度壓力

即對自己身心產生重大影響之壓力，如與男女朋友分手、失戀、離婚、事業失敗、家人逝世，均為一般人之重大壓力事件。

2. 輕度壓力

屬於一般性，通常個人可以接受，但累積到某種程度也許會引爆情緒；可能是日常瑣事，也可能是工作上之累積壓力。

但有時候壓倒駱駝的常是其背上最後一根稻草，因此影響性並非絕對性，須視個人面對壓力的身心狀況及因應態度。

你目前的壓力若以 100 分計算：

過度壓力有＿＿＿＿、＿＿＿＿、＿＿＿＿、＿＿＿＿、＿＿＿＿，占＿＿＿＿％；

輕度壓力有＿＿＿＿、＿＿＿＿、＿＿＿＿、＿＿＿＿、＿＿＿＿，占＿＿＿＿％。

以壓力的影響性質而言，壓力優先順序為：＿＿＿＿＿＞＿＿＿＿＿。

㈣壓力為多元之綜合性

壓力可能為單一性，但亦可能具有多元性或綜合性。我們嘗試將壓力之良質壓力、劣質壓力，與時間之短期及持續交集成 2 × 2 四種二次元壓力，如表 7-1，時間短期之良質壓力如中了樂透大獎，短期劣質壓力如突然失業，持續良質壓力如進修，持續劣質壓力如與主管關係不良。

表 7-1　壓力性質與時間之分類表

時間 ＼ 壓力性質	良質壓力	劣質壓力
短期	短期良質壓力 （例如中獎）	短期劣質壓力 （例如失業）
持續	持續良質壓力 （例如進修）	持續劣質壓力 （例如與主管關係不良）

亦可將與工作有關或無關和前述二者再交集成 2 × 2 × 2 多元壓力歸類圖，如圖 7-1。工作有關之短期良質壓力，如升遷；工作有關之短期劣質壓力，如調職外地；工作有關之持續良質壓力，如主管之信任，許多工作交代給你；工作有關之持續劣質壓力，如與同事相處不合；工作無關之短期良質壓力，如旅遊活動；工作無關之短期劣質壓力，如家人急性疾病；工作無關之持續良質壓力，如進修學位；工作無關之持續劣質壓力，如婚姻不合。依次類推，可勾勒個人壓力多元分類架構。

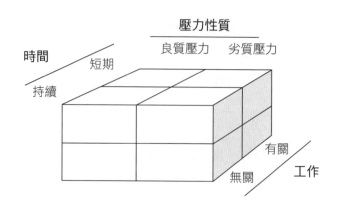

圖 7-1　多元向度之壓力歸類圖

三　了解自己的壓力源

　　人在面對壓力時常「不識廬山真面目，只緣身在此山中」，因此如何了解自我壓力來源，以便知己知彼、百戰百勝，對症下藥，對於壓力之因應是十分重要的。一般而言，壓力源可概分為下述五類：

1. **因人**：壓力源自於人，如長官、親人或自我。
2. **因事**：壓力源自於困難事情，如考試、工作困境。
3. **因物**：壓力源自於某些事物，如有些人看到蟑螂會噁心，有些人對臭豆腐會掩鼻而過。
4. **因境**：壓力源自於情境，如有些人於擁擠空間會不舒服，有些人於高處會懼怕，或是壓力源自工作之相關或無關之情境。
5. **多元因素**：如不僅因人，亦因境而異，或難以歸類者。

　　吳英璋（1994）曾提出壓力模式說明壓力如何產生？壓力狀態是什麼？對個人之影響為何？壓力在何種狀況下會導致疾病？基本上是以生物社會心理模式衍生，整合五類變項，摘述如下：

1. 個人所處之社會物理變項，如生活變動、社會變遷。
2. 個人對所處社會物理變項之心理反應及生理反應。

3. 個人對於所處社會物理之因應。

4. 與以上三者之個人因素（心理需要、性格、經驗）及社會因素（如社會支援）作用。如覺知該生活變動之自主性心理反應，主觀覺知的社會資源，性格特質、心理需要及相關需求，引發生理反應及情緒反應與因應。

5. 前四者與健康疾病之關係，如圖 7-2。

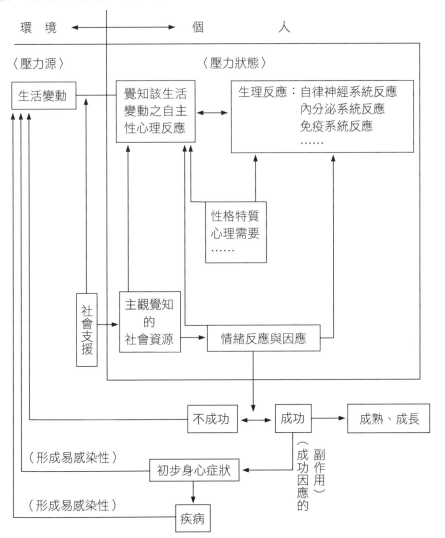

圖 7-2　壓力模式示意圖

（資料來源：吳英璋，1994，第 19 頁）

189

你目前的壓力若以 100 分計算：

讓你因「人」產生的壓力源有＿＿＿＿＿、＿＿＿＿＿、＿＿＿＿＿，占＿＿＿＿＿%；

讓你因「事」產生的壓力源有＿＿＿＿＿、＿＿＿＿＿、＿＿＿＿＿，占＿＿＿＿＿%；

讓你因「物」產生的壓力源有＿＿＿＿＿、＿＿＿＿＿、＿＿＿＿＿，占＿＿＿＿＿%；

讓你因「境」產生的壓力源有＿＿＿＿＿、＿＿＿＿＿、＿＿＿＿＿，占＿＿＿＿＿%；

讓你感受到的多元壓力源有＿＿＿＿＿、＿＿＿＿＿，占＿＿＿＿＿%

以壓力性質而言，上述五項壓力源優先順序為：

＿＿＿＿＿＞＿＿＿＿＿＞＿＿＿＿＿＞＿＿＿＿＿＞＿＿＿＿＿。

如果你要解決壓力，考量最能解決的是＿＿＿＿＿、＿＿＿＿＿、＿＿＿＿＿。

如果你要解決壓力，最想解決的是＿＿＿＿＿、＿＿＿＿＿、＿＿＿＿＿。

三　探索自我壓力反應、歷程及影響

(一)壓力反應的自我覺察

　　坎能（1932）將人體維持內部環境恆定不變的過程命名為「體內平衡」（homeostasis）。他進一步發現，任何嚴重干擾此一自我平衡狀態的事物，將引發「戰鬥或逃跑症候群」（fight or flight syndrome），後來有人稱之為「壓力反應」。內分泌學家漢斯·薛力（Selye, 1976）進而由研究發現，不論來自何種不同的壓力環境，老鼠所經歷之生理反應相同，因此他推論可證諸於人類，即不論壓力之種類為何，其生理上神經學、免疫學及荷爾蒙之反應皆相同。其後沙波斯基（Saplosk, 1998）研究證明人類對壓力反應不僅具獨特性，且對不同壓力源之反應具相似性，驗證了薛力的推論（引自王美華譯，2002）。

　　通常在＿＿＿＿＿壓力下你的反應為何？＿＿＿＿＿＿＿＿＿＿

　　此反應之效果？＿＿＿＿＿＿＿＿＿＿＿＿＿＿＿＿＿＿＿＿＿

　　反應後你的心情或感受？＿＿＿＿＿＿＿＿＿＿＿＿＿＿＿＿＿

　　你如何解讀你的壓力反應？＿＿＿＿＿＿＿＿＿＿＿＿＿＿＿＿

㈡一般適應症候群

薛力提出其有名之「一般適應症候群」（GAS），他認為所有壓力反應均有一般適應症候群之現象，包括：

1. **警覺反應**：身體警覺到因壓力引發的生理、心理反應，如頭痛、胃痛、失眠、心臟不舒服、肌肉痠痛。

2. **抗拒期**：身體之身心防疫措施對於壓力引發的身心不適產生因應的抗拒，如果抗拒有效或壓力為個體所能因應，身心回復正常平衡狀態。

3. **耗竭期**：當個體因應壓力到某一程度超過個體身心所能忍受程度，個體進入耗竭崩潰階段，個體有可能再進入警覺反應，一段時間後身心重整再進入抗拒期，也可能又再進入耗竭期，周而復始，受壓力之煎熬，直至因應調適平衡，或衰竭匱乏。

如圖 7-3 於耗竭期之後，亦為重整階段的開始，個體經過身心調適進入復健階段，再進入預防階段，避免壓力太過關鍵點，或於抗拒期妥善調適不至於超過崩潰點。

薛力基本上解釋了人體如何回應環境壓力，並且認為壓力大都來自外在力量，然而當代研究發現，引發壓力的生活事件與身體疾病間有關聯性，而且較偏向壓

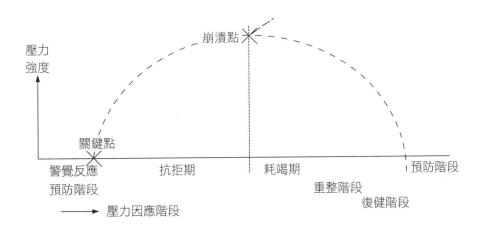

圖 7-3　綜合 GAS 階段及公共衛生三級預防之壓力因應圖

資料來源：作者自編。

191

力為外在事件所引起，如同何慕斯與雷伊（Holmes & Rahe, 1967）所建立之〈社會再適應評定量表〉，對於不同生活事件依其嚴重性，給予一個標準化分數，衡量個體日常生活中各種事件累積分數，發現個體在量表得分數與其近期內罹患生理疾病的可能性關聯密切。而於生活事件與壓力反應之間的「壓力歷程」方面，有些學者如拉惹瑞斯與福克曼（Lazarus & Folkman, 1984）認為，壓力是個人與環境間相互影響關係的結果，而非單純發生在個體身上的事件，認知行為觀點亦較同意此觀點。

㈢認知行為觀點對壓力歷程之解釋

認知行為觀點對壓力歷程之解釋，有下列四種說明：

S（stimulus）—R（response）	刺激—反應
S—O（organism）—R	刺激—個體—反應
S—O—R—E（effect）	刺激—個體—反應—效果
S—O—R—E—F（feeling）	刺激—個體—反應—效果—感受

第一種係指壓力是因刺激引起的反應，例如，聽到老師說要考試（刺激），引起壓力（反應）。

第二種則指壓力雖是因刺激引起的反應，例如，聽到老師說要考試（刺激），但（個體）擔心考不好引起壓力（反應）。認為刺激是否產生壓力與個體之知覺解讀密切有關。個體自我對壓力之自我監控，亦有利於個體對壓力歷程之掌控。

第三種則指壓力雖是因刺激引起的反應，例如，聽到老師說要考試（刺激），但（個體）擔心考不好引起壓力（反應）。認為刺激是否產生壓力雖與個體之知覺解讀有關，但壓力引發之反應行為之效果，與壓力之持續密切有關，例如，張同學聽到考試，一直擔心焦慮，未能善用時間讀書，因此考試成績不理想，以致對考試更加焦慮（負向效果）。反之，李同學聽到考試雖然擔心，但有計畫地準備，因此考得不錯，也化解了考試焦慮（正向效果）。此與認知行為學派中，如理性情緒治療述及人之情緒有理性亦有可能非理性，如果你對引發之情緒事件、人或經驗有不合理之想法，即可能引發不合理之情緒或行為（壓力）；反之，如

果導之合理之想法,即可能消除不合理之情緒或行為(解除壓力)。

第四種則更進一步探討發現個體雖覺察引發壓力的刺激,因個體之正向解讀能善用時間讀書,因此考得理想;或以再建構(reframing),如換個想法或積極正向地思考,心情為之大開(感受)。

(四)壓力的綜合特性

綜合而言,壓力之特性如下:

1. 壓力是有獨特性的,每個人對壓力有獨特性。
2. 壓力之反應無特別性:每個人對不同壓力反應、身心反應,皆有個體內之相似性。
3. 壓力反應有「一般適應症候群」。
4. 壓力有其客觀性,亦有主觀性影響。
5. 壓力反應會因其反應之效果而影響其認知、情緒、行為及以後之反應。
6. 壓力反應包括心理、生理、社會、心智、精神等向度。

(五)壓力的反應

以下各項為壓力下之心理、生理、社會、心智、情緒及精神反應。如果各種反應項次愈多,愈可能有壓力狀態,但須參考(諮商或臨床)心理師或精神科醫師之檢核及建議。

1. **壓力下之心理反應**

   (1)注意力下降與注意廣度縮小。　　(6)憂慮與無助感出現。

   (2)組織能力與長期計畫能力變差。　　(7)自尊心明顯降低。

   (3)脫離現實的妄想與思考違常程度　　(8)挫折忍受度降低。

   　　增高。　　　　　　　　　　　　(9)易怒。

   (4)情緒調節能力變差。　　　　　　(10)攻擊性增高。

   (5)慮病擔心的感覺增高。　　　　　(11)其他。

2. **壓力下之生理反應**

   (1)胃口改變　　　　　(2)食慾不振　　　　　(3)關節疼痛

(4)緊張　　　　　　　(13)肢體有針刺感　　　(22)麻木

(5)腳顫抖　　　　　　(14)不能放鬆　　　　　(23)覺得很冷

(6)尿多　　　　　　　(15)肌肉痠痛　　　　　(24)手指發抖

(7)口乾　　　　　　　(16)容易摔跤　　　　　(25)呼吸急促

(8)心口灼熱　　　　　(17)心悸　　　　　　　(26)出汗

(9)頭痛　　　　　　　(18)疲勞　　　　　　　(27)頸疼

(10)咬牙　　　　　　 (19)背痛　　　　　　　(28)失眠

(11)消化不良　　　　 (20)噁心

(12)腹瀉　　　　　　 (21)體重改變

3. **壓力下之社會反應**

(1)冷漠　　　　　　　(6)嘮叨　　　　　　　(11)缺少親密性

(2)退縮　　　　　　　(7)怪罪他人　　　　　(12)易與人發生衝突

(3)逃避　　　　　　　(8)缺少性慾　　　　　(13)其他

(4)寂寞　　　　　　　(9)離群索居

(5)易怒　　　　　　　(10)不信任他人

4. **壓力下之心智反應**

(1)健忘　　　　　　　(4)低生產性　　　　　(7)注意力不集中

(2)迷惑　　　　　　　(5)反應慢　　　　　　(8)其他

(3)厭倦　　　　　　　(6)缺乏新觀念

5. **壓力下之情緒反應**

(1)焦慮　　　　　　　(5)擔憂　　　　　　　(9)情緒不穩

(2)挫折　　　　　　　(6)沮喪　　　　　　　(10)易受打擊

(3)憂鬱　　　　　　　(7)做惡夢　　　　　　(11)容易大聲喊叫

(4)敏感　　　　　　　(8)脾氣暴躁　　　　　(12)覺得不被人關心

6. **壓力下之精神反應**

(1)空虛　　　　　　　(2)無意義　　　　　　(3)多疑

(4)苦惱　　　　　　(6)找尋刺激　　　　　(8)嘲諷一切

(5)覺得無希望　　　(7)迷失方向　　　　　(9)其他

㈥覺察自我的壓力反應

　　當你自己有壓力時，於各階段經常會出現哪些反應（請依各階段優先順序寫出三則）？

1. 於警覺反應時經常出現之壓力反應

　　　　心理反應 _____；_____；_____；

　　　　生理反應 _____；_____；_____；

　　　　社會反應 _____；_____；_____；

　　　　心智反應 _____；_____；_____；

　　　　情緒反應 _____；_____；_____；

　　　　精神反應 _____；_____；_____；

2. 於抗拒期經常出現之壓力反應

　　　　心理反應 _____；_____；_____；

　　　　生理反應 _____；_____；_____；

　　　　社會反應 _____；_____；_____；

　　　　心智反應 _____；_____；_____；

　　　　情緒反應 _____；_____；_____；

　　　　精神反應 _____；_____；_____；

3. 於耗竭期經常出現之壓力反應

　　　　心理反應 _____；_____；_____；

　　　　生理反應 _____；_____；_____；

　　　　社會反應 _____；_____；_____；

　　　　心智反應 _____；_____；_____；

　　　　情緒反應 _____；_____；_____；

　　　　精神反應 _____；_____；_____；

壓力檢核方法

本節由個人基本生活態度之檢核，介紹如何由情緒、認知、行為、個人生活習慣、環境、工作負荷、時間管理及社會支持等各個向度，檢核自己基本生活態度，了解自己的生活態度與壓力的關係。進而說明壓力管理的覺察策略，如壓力心情指數日記法、托球法、五方格法、壓力情緒臉譜法、壓力情緒顏色標定法，以及壓力覺察量表法等方法檢核壓力，以為解決壓力準備。

 個人基本生活態度之檢核

㈠情緒向度

檢核壓力引發個人的情緒之內容、頻率、數量及影響。

㈡認知向度

檢核個體於壓力狀態時之想法、思考，當時在想什麼？如何想？想得通不通？想得合理或不合理？想了之後影響如何？

㈢行為向度

壓力引發個人出現之外顯行為及影響。

㈣個人生活習慣向度

檢核個體之生活習慣，包括：

1. **睡眠**：睡眠是否足夠？一般正常人為 6.5 至 8 小時。

2. **運動**：是否有健康運動習慣？依國民健康局之 333 方式，每週至少三次，每次三十分鐘，運動後脈搏達每分鐘 130 次。

3. **體重**：是否達到醫生所建議的標準體重？可參考 BMI 之算法，即體重（以公斤為單位）除以身高（以公尺為單位）之平方，其商數介於 18.5 至 23 之間。

4. 飲食：飲食習慣是否健康營養？如早餐吃得好，午餐吃得飽，晚餐吃得少。

(五)環境向度

1. 家庭：家庭氣氛是否良好？家人關係是否和諧？家人溝通是否暢通？家庭支持度？家庭最近是否有壓力之事件，如父母失業、子女升學考試？

2. 學校：師生關係及同儕相處之情形、學校課業及其他適應情形。

3. 職場：如工作之適應，即與主管和同事之相處、職場轉換。

4. 社區：居住環境之噪音、安全、交通複雜度、鄰里相處。

5. 其他。

(六)工作負荷向度

如工作是否過度負荷、學能所用與否、失業或轉業壓力。

(七)時間管理向度

時間安排不當，或過度工作、休閒時間不足，工作與家庭時間能否兼顧。

(八)社會支持向度

是否了解及善用壓力調適及支持之社會資源。

二 壓力管理的覺察策略

壓力管理包括認識壓力、正確了解壓力來源、覺察壓力的影響，及學習接納壓力、與壓力共處，其中覺察的方法為壓力管理的開始，謹將覺察壓力的方法分別介紹如下：

(一)壓力心情指數日記法

設計「壓力心情指數日記」如表 7-2，每日上班前、中、後，寫下壓力心情指數，由 10-0，分數愈高代表壓力愈高，10 為最高，0 為最低，可以重複。填完二週，即可初估各時段之平均壓力心情指數，以了解自己之壓力源及「高壓時段」、「舒緩時段」，以適當調整因時間安排不當的壓力。由表 7-2 可知，老王的壓力源，主要為趕上班、工作、會報、主管工作指示；而其「高壓時段」為週一及週二整天，週三至週五的上班前、10：00 至 12：00，及 15：00 至 17：00。「舒緩

表 7-2　老王的壓力心情指數日記

時段＼類別＼星期		日 8月/1日	一 8月/2日	二 8月/3日	三 8月/4日	四 8月/5日	五 8月/6日	六 8月/7日
上班前	心情指數	1	6	7	5	5	5	1
	壓力源	休假	趕上班	趕上班	趕上班	趕上班	趕上班	休假
08:00-10:00	心情指數	2	6	6				3
	壓力源	休假	上週未完成工作	準備會報				休假
10:00-12:00	心情指數	1	8	6	6	4	8	1
	壓力源	休假	上週未完成工作	開會報	開會報	開會報	開會報	休假
12:00-13:00	心情指數	1	4	2	2	3	1	1
	壓力源	休假		午休	午休	午休	午休	休假
13:00-15:00	心情指數	3	6	3	2			2
	壓力源	休假	新交代工作	同仁間相互支持	社團活動			休假
15:00-17:00	心情指數	5	6	5	5	4	5	2
	壓力源	明日要上班	新交代工作	新交代工作	新交代工作	新交代工作	新交代工作	休假
晚班	心情指數			6	6		5	
	壓力源			兼課準備	兼課		未完成工作	
下班後	心情指數		3	4	1		2	1
	壓力源		下班	下班	下班		下班	休假

時段」則主要在假日、下班後及週一至週五之 13：00 至 15：00。

㈡托球法

1. 如圖 7-4，首先繪出一個人體圖，一個人兩手往上好似在托住許多球。

2. 畫出壓力球，每個球代表自己的一種壓力，球愈大代表壓力愈大，亦可以分數由 10 至 1 代表壓力大小，分數愈大壓力愈大。

3. 標示出當自己有壓力時，身體較易有反應及不舒服之部位，此為「壓力靶子器官」（stress target organ），可表示出身體較易為壓力侵襲之器官、較弱之器官（weak organ）。

　　由此種方法，一則可檢核自己之壓力源，並可覺察當下最有壓力之壓力源，

圖 7-4　壓力檢核——托球法

以及壓力對身體之影響部位或器官，於未來當這些「壓力靶子器官」有反應或不舒服時，且非其他生理疾病所引起，表示可能你有壓力。由圖 7-4 可知，老王最大之壓力為「銀行貸款」，壓力標示強度為 9；依次為「婚姻」，壓力標示強度 7；「工作負荷」，壓力標示強度為 6；「子女教養」，壓力標示強度為 5。此外，以虛線代表此壓力已存在很久，個體亦無法掌控甚至會忽視，但它依然存在，對個體仍有影響。如圖中之升遷壓力標示強度為 6，雖壓力頗高，但非老王所能自我掌控，因此已漸為老王所忽視。但它依然存在，有時仍會浮現，對老王有身心影響。

㈢五方格法

　　即將壓力根據與工作之有關或無關、時間之短期或持續，四格分類壓力之性質，協助個體更清楚自己壓力所在是偏向哪一類的壓力，以集中焦點有效處理關鍵壓力。如圖 7-5 性質圖示。

　　第一類為與工作有關，時間為短期之壓力，如老闆臨時要你出差到大陸一週。

　　第二類為與工作有關，時間為持續之壓力，如你與上司工作理念不和，常有

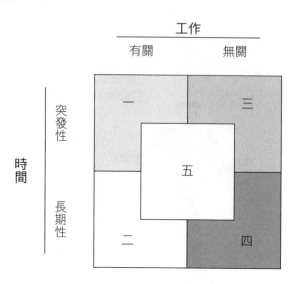

圖 7-5 五方格法壓力性質示意圖

爭執。

第三類為與工作無關，時間為短期之壓力，如家人臨時生病。

第四類為與工作無關，時間為持續之壓力，如婚姻生活不和。

第五類則為難以歸類，甚至前四類壓力其中二種以上糾集在一起，如老闆器重你的能力，臨時要你出差到大陸一週處理公司的一個危機事件，小孩又正在生病發燒；你與上司工作理念不和常有爭執，又與配偶因家事吵架；家人臨時生病，公司又在趕貨；婚姻生活不和又被解聘。

(四)壓力情緒臉譜法

蘇珊・羅絲・菩勞諾（Susan Rose Blauner）於其《向自殺 Say No!》（楊淑智譯，2002）一書中，以漫畫來表示各種情緒的表情（如圖7-6），幫助我們覺察自己的情緒。菩勞諾自述由其中提醒自己，人之情緒並沒有絕對的黑或白、全有或全無，重要的是當下之感覺。你亦可利用圖7-7描繪自己各種不同情緒的表情，或拍下自己表情之相片加以組合，用以檢核自己的情緒，並可類化應用於壓力情緒之臉譜，檢核自己在何種表情時是有壓力的，如眉毛往下、嘴角往下、臉部肌

情緒圖表

現在我的感覺如何？

快樂　冷靜　謹慎　混亂　冷酷　好奇　失望

墜入愛情　抑鬱　焦躁不安　茫然　樂觀　情緒崩潰　偏執

圖 7-6　壓力情緒臉譜圖示（部分）

（資料來源：引自楊淑智譯，2002，第 19 頁）

肉僵硬、眼睛無神恍惚、笑不出來……，以提醒自己妥善調適。

　　※使用圖表之方法

1. 畫出自己或以數位相機拍出自己在有壓力下之臉部表情，加以組合後影印幾
　　張；或影印圖 7-6 壓力情緒臉譜。
2. 將其中一份放在你的辦公桌或家裡鏡子旁邊。
3. 每當覺察有壓力時，看看壓力情緒臉譜，深呼吸一下，自問：「我現在的感覺
　　如何？」
4. 有壓力時覺察自己內心的各種情緒，於壓力情緒臉譜檢核表每個臉譜前之
　　（　）以「正」字記錄次數，亦可自己加上每次強度，由 10 至 0，10 為最強，
　　0 為沒有壓力，如「1」【8】代表今日第一次，強度 8。
5. 注意自己的情緒怎麼來？怎麼走？它的強度如何改變？當你做了什麼，會減緩
　　壓力？

㈤壓力情緒顏色標定法

　　將一週之時間區分成各日，再分成上午、下午及晚上時段，以不同顏色標示
自己之壓力狀況，進一步統計分析自己在每日何時段壓力最大，何時段壓力最小，
以能適當調適，紓解壓力。

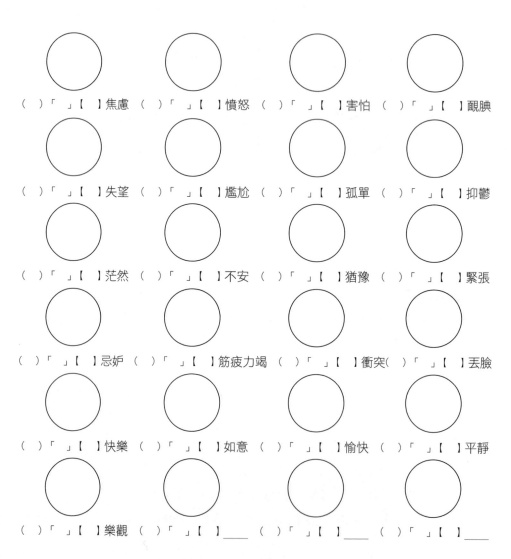

( )「　」【　】焦慮　( )「　」【　】憤怒　( )「　」【　】害怕　( )「　」【　】覥腆

( )「　」【　】失望　( )「　」【　】尷尬　( )「　」【　】孤單　( )「　」【　】抑鬱

( )「　」【　】茫然　( )「　」【　】不安　( )「　」【　】猶豫　( )「　」【　】緊張

( )「　」【　】忌妒　( )「　」【　】筋疲力竭　( )「　」【　】衝突( )「　」【　】丟臉

( )「　」【　】快樂　( )「　」【　】如意　( )「　」【　】愉快　( )「　」【　】平靜

( )「　」【　】樂觀　( )「　」【　】____　( )「　」【　】____　( )「　」【　】____

圖 7-7　壓力情緒臉譜檢核表——習作

由圖 7-8 可知當事人情緒較差之時間為週一白天及週日晚上（圖示愈暗，代表心情愈有壓力），而週二至週五上午心情較佳。

時間　　週	一	二	三	四	五	六	日
上 08:00 午 12:00							
下 12:00 午 17:00							
晚 17:00 上 23:00							

圖 7-8　壓力情緒顏色標定法

㈥壓力覺察量表法

壓力覺察量表有許多種，如 A 型性格檢核表、憤怒檢核量表、不同年齡層之壓力事件檢核表，謹分別說明如下：

1. A 型性格檢核表

A 型性格（Type A personality）有別於一般之 A 型血型，其特徵為自制力高、控制不住力爭成功之衝動、動作快、缺乏耐性、說話急促、時間壓力感高、具攻擊性與競爭性、容易生氣、敵意、不安全感、高成就感導向者，被一般人認為是「急性子」，甚至為了工作之成就感疏離家人、朋友，或心有餘「時」不足，也可能與從小被教導要有效率、要追求功成名就、要當好學生、好員工所謂「好」症候群有關，易得冠狀動脈心臟病（CHD）（Dunbar, 1943; Friedman & Rosenman, 1959; Friedman & Ulmer, 1985; Sutherland & Cooper, 1990；黃惠惠，2002）。A 型性格檢核表如表 7-3。

相對之 B 型性格（Type B personality），行事風格較從容不迫、說話緩慢、聲音平和、知足、易於協調、合作性高、有耐心、能享受悠閒自在（黃惠惠，2002）。

另有二種 C 型性格（Type C personality），其中一種 C1 性格即「創造性性格」（creative personality），圓融綜合 A 型性格及 B 型性格，工作時積極進取，

203

表 7-3　A 型性格檢核表

| 填表說明：請就下列各題中所描述之生活現象，於適合你出現的狀況之格子內打（ ∨ ）。如果題目中之描述有：
*你平時之情況「總是如此」時，請於題目後「總是如此」格子內打「∨」
*你平時之情況「經常如此」時，請於題目後「經常如此」格子內打「∨」
*你平時之情況「有時如此」時，請於題目後「有時如此」格子內打「∨」
*你平時之情況「不常如此」時，請於題目後「不常如此」格子內打「∨」
*你平時之情況「從未如此」時，請於題目後「從未如此」格子內打「∨」 |

分數　　　　　　出現狀況 生活現象	5 總是如此	4 經常如此	3 有時如此	2 不常如此	1 從未如此
1. 說話速度快又急。					
2. 對於關鍵字眼特別用力。					
3. 打斷別人說話或替別人把話說出。					
4. 說話時臉部表情誇張，表現誇大姿勢。					
5. 不耐煩排隊或等待。					
6. 總覺得時間不夠用。					
7. 動作很快，走路、吃飯都快。					
8. 開車會超速或不耐煩別人開得太慢。					
9. 想於同一時間內同時做兩件事。					
10. 如果別人做事太慢，會感到不耐煩。					
11. 沒有時間娛樂或休閒。					
12. 太過投入於工作或追求成就。					
13. 常一心兩用，同時做好幾件事。					
14. 喜歡從事競爭或挑戰性的工作。					
15. 在工作上或參加競賽、遊戲，都很努力想贏。					
16. 常將行事曆排得滿滿的。					
17. 對於不照自己意思或期待的事，會生氣。					
18. 每天都覺得時間不夠用。					
19. 雖然經過某些地方，但卻不知沿途有什麼。					
20. 休息或放假會覺得有罪惡感。					
小計（各出現狀況之總題數）	Na	Nf	No	Ns	Nn
各出現狀況分數×總題數	A	F	O	S	N
A+F+O+S+N=	T				

（資料來源：改自黃惠惠，2002，第 218-220 頁）

全力以赴；下班後從容不迫悠然自在做自己，於 A 型及 B 型性格間能適切地因應人、時、地、物，怡然調整。另一種人為 C2 性格，即「癌症性格」（cancer personality），不論工作或下班，沒法放鬆，不肯放鬆，孜孜不息，一枝蠟燭兩頭燒，加速折舊，隨時保持 A 型性格之積極進取，久而久之易得癌症或其他勞碌疾病如肝病、心臟病。

※計分方式：

- 計算各出現狀態之總題數：Na、Nf、No、Ns、Nn。
- 各出現狀況分數×總題數：5 × Na、4 × Nf、3 × No、2 × Ns、1 × Nn。
- 計算總得分：T = 5 × Na + 4 × Nf + 3 × No + 2 × Ns + 1 × Nn。

　如果得分介於：100-80 之間，代表你是高度 A 型性格。

　　　　　　　80-60 之間，代表你是中高度 A 型性格。

　　　　　　　60-40 之間，代表你是中度 A 型性格。

　　　　　　　40-20 之間，代表你是中低度 A 型性格。

　　　　　　　20-0　之間，代表你是低度 A 型性格。

　如果你是中度以上 A 型性格，建議你找心理諮商人員諮商，探討解決壓力的方法。過去研究支持，A 型性格者經過團體諮商或訓練課程學習，A 型性格行為皆有顯著減少（Friedman & Ulmer, 1985）。

　綜合各學者改善或減少 A 型性格之方法如下（張德聰，1995；黃惠惠，2002；Friedman & Rosenman, 1959）：

(1)有計畫不會忙：重新檢核原先之計畫是否有必要急於一時之間完成，定下優先順序，按部就班。

(2)有分工不會累：依個人專長職責分工其責，不需事必躬親，學習放心及放手。

(3)有體驗有收穫：學習體驗有時「過程」比結果還重要。

(4)有兼有顧才能平衡：學習生活時間表中工作與休閒兼顧。

(5)有耐心有修養：學習耐心傾聽他人話語及等待他人，不打岔。

(6)有專心會成功：學習一次專心做好一件事。

(7)正念想煩惱少：凡事由正向想，不操不必要的心。

205

(8)有笑容有幸福：天天要笑，惜福中有樂趣。

(9)有運動有健康：養成健康生活習慣，如運動。

(10)凡「我」必有可取之處：學習自我激勵，當自己做到上述其中一項改善的表現，即可給自己鼓勵。

2. 憤怒檢核量表

　　1960 年代，舊金山心臟病專家研究了 3400 名男士後，指出性格急躁衝動之 A 型性格者患心臟病之機率高於較能自我控制之 B 型性格者。但 1980 年代初的一系列研究顯示，A 型性格者患心臟病之機會並不比其他人高。杜克大學行為研究部主任雷福德‧威廉醫生率先提出敵意憤怒論，認為大部分 A 型性格者之特徵與心臟病無關，但其中一種關鍵因素——敵意憤怒——對心臟病之形成起重要的作用，更發展一組問題以便衡量人之怒意程度，確定了敵意憤怒者之特徵，如憤世嫉俗、疑心大、易怒，俗稱 H 型（hostility）（Alison, 1997）。H 型憤怒行為檢核量表，如表 7-4。

表 7-4　H 型憤怒行為檢核量表

> **填答說明**：請就下列各題檢核你的行為，如果符合你的狀況請打「○」，如果不是請打「×」。
>
> （　）1.假如你等待搭乘的電梯在另一層樓停留太長，你會立刻感到不耐煩嗎？
> （　）2.你曾因怒不可遏而毆打或推撞別人嗎？
> （　）3.你是否常記起可惱的事，且總是不禁無名火起？
> （　）4.在雜貨店「只限十件貨品」付款台前排隊等候時，你會不會點數前面的人所買的東西，看看是否超過十件？
> （　）5.倘若髮型師把你的頭髮剪掉過多時，你會連日怒氣難消嗎？
> （　）6.如果高速公路收費員少找錢，你會以為他存心欺騙？
> （　）7.一天中總是有許多瑣碎的討厭事令你覺得喪氣？
> （　）8.開車時如果有人突然切入你前面，你會不會閃亮車燈，同時按響喇叭？
> （　）9.你曾否因好友辜負了你的期望，就不再跟他們來往？
> （　）10.你是否常因人能力不足而生氣？
> （　）11.配偶烹飪時，你是否會在旁注視，以確保菜不會燒焦？
> （　）12.有人不準時赴約，你是否發現自己在琢磨怎樣痛罵對方？
>
> 如果答「○」的答案不超過三個——你是一個相當沉著冷靜的人。
> 如果答「○」的答案四個至八個——正常。
> 如果答「○」的答案九個以上——你的敵意很重。

（資料來源：Alison，1997，第 41 頁）

　　被評為敵意憤怒心重的人，患心臟病的比率高出四至五倍。壓抑怒氣並不能解決問題，反之常會讓你以侵害性方式宣洩，如背後批評上司、工作不起勁，甚至引起身體不適，如頭痛、背痛、精神抑鬱、心臟病。了解並妥善處理情緒是很重要的。而憤怒心重的人與其生活壓力亦可能有關。

3. 不同年齡層之壓力事件檢核表

(1)青少年之十大壓力源

　　麥卡席與麥森尼（McCarthy & Matheny, 2000）以及瑟若分與科爾立特（Seraphine & Curlette, 2000）研究德州 1500 位中學生之壓力來源，其前十大壓力來源如表 7-5。進一步可讓青少年自我檢核，或由父母或老師檢核其壓力源（王美華譯，2002）。

表 7-5　青少年之主要壓力源檢核表

順序	壓力來源	若為壓力來源請打∨	自排順序
1	在我的學校有許多學生打架		
2	沒有與父母同住		
3	無法與老師交談		
4	才搬來不到一年		
5	別的學生拿走了我的東西		
6	害怕在課堂內向老師發問		
7	覺得自己經常在運動或競賽上不如別人		
8	住家附近有許多犯罪事件		
9	做惡夢		
10	教室太過擁擠		
其他	課業不如別人		
其他	父母嘮叨		

（資料來源：改自王美華譯，2002，第 109-110 頁）

(2)中年人之十大壓力事件

凱納等人（Kanner, Coyne, Schaefer, & Lazarus, 1981）追蹤 100 位中產階級之中年白人男性及女性，一年內最常遇到的十項日常瑣事如表 7-6。可進一步檢核中年人自己過去一年內最常遇到之日常瑣事（王美華譯，2002）。

表 7-6　中年人十大壓力事件檢核表

美國中年中產階級之白人男性及女性一年內最常遇到之日常瑣事		檢核你自己過去一年內最常遇到之日常瑣事（打∨）並排出順序	
順序	日常瑣事	遇到的日常瑣事	順序
1	擔心體重		
2	家庭成員的健康		
3	消費品漲價		
4	家庭生活費		
5	事情太多		
6	遺忘或丟失物品		
7	整理後院的工作		
8	財產、投資或稅務		
9	犯罪		
10	身體外觀		
其他			

（資料來源：改自王美華譯，2002，第 107-108 頁）

(3)不受老年人歡迎之事件

麥森尼等人（Matheny et al., 2000）由文獻探討中分析出不受老年人歡迎之十項事件，前七項男女皆然。後三項則男女各有不同，如表 7-7。進一步可檢核不受老年人歡迎之事件（王美華譯，2002）。

表 7-7　不受「兩性」老年人歡迎之事件表

美國之事件及順序	同意打∨	自訂順序
1. 配偶死亡		
2. 子女死亡		
3. 孫子女死亡		
4. 失去家庭		
5. 兄弟姊妹死亡		
6. 因衝突而分居		
7. 罹患新疾病或受到新傷害		
不受「女性」老年人歡迎之事件		
8. 父母死亡		
9. 配偶罹患新疾病或受到新傷害		
10. 子女罹患新疾病或受到新傷害		
不受「男性」老年人歡迎之事件		
8. 婚姻生活發生新問題		
9. 父母罹患新疾病或受到新傷害		
10. 失去工作或事業		
其他		
其他		

（資料來源：改自王美華譯，2002，第 112-113 頁）

第三節
壓力的調適策略

　　本節分別由認知、情緒、行為、生理心理與綜合之策略介紹壓力的調適策略。在探討壓力調適之策略前，除於本章第一節探討壓力之意義、反應及歷程外，第二節提供了具體之壓力覺察方法，本節更進一步由健康與疾病之壓力模式的探討，以發展壓力調適策略。

一　健康與疾病之壓力模式

卓良珍（1987）認為近代身心醫學專家解釋身體疾病的發生與病程，其派別與理論雖多，但以同時考慮到心理、社會與環境的經驗與壓力對疾病產生之易感性較能夠被接受。壓力與人之生理、心理、環境及過去經驗皆密切有關。吳英璋（1994）則嘗試以健康觀點由環境、生活變動與個人面對壓力之狀態探討壓力模式，謹綜合二者之觀點並加以修改發展，如圖7-9。

首先由環境因素了解壓力源，可包括人（個人及他人）、事、時、地、物或其他綜合因素，個體之期待過高或自我覺知若扭曲或不合理也會產生壓力，壓力源雖然大都來自環境中之生活事件，然而個體之遺傳因素、生理、心理因素之強弱及發展時機，皆可能影響壓力之生理心理反應，尤其對壓力之覺知、判斷，其中個人之人格特質心理需求亦會影響壓力之覺知，如A型性格者易得冠狀動脈心臟病，心理需求如成就感需求過高，若未契合個人能力則容易挫折。此外，社會資源之有無，以及個人能否善用社會支持系統，亦會影響因壓力產生之情緒反應及因應，如以「失落」之心理社會事件為例，如果個體因應壓力成功則個體更加成長與成熟；反之，個體因應不成功則產生生理與心理之反應。在生理方面如果有器官弱點影響神經生理生化系統、神經內分泌系統及免疫系統，如無改善則可能器官功能崩潰，進而導致各類心身症、重型精神病、壓力引發之相關疾病及癌症。如果無器官弱點，則可能產生壓力相關之生理症候群如心悸、呼吸急促等。在心理方面如果有心理弱點，則個體可能適應或防衛機轉瓦解，引發退縮反應、攻擊反應或逃避反應。如果個體無心理弱點，則個體可能引發危機處理反應，並由其中適應。而且個體因壓力產生之生理及心理症狀或疾病，會有互動性及相互影響性，亦可以經由調適壓力由不成功轉向成功。

由上述之健康與疾病之壓力模式，亦可了解壓力之影響因素，除有效因應環境因素外，生理及心理因素亦為重點，尤其「解壓仍需給壓人」，個體自我對壓力事件之解釋或認知知覺之合理或不合理、積極或不積極、情緒之接納或不接納、

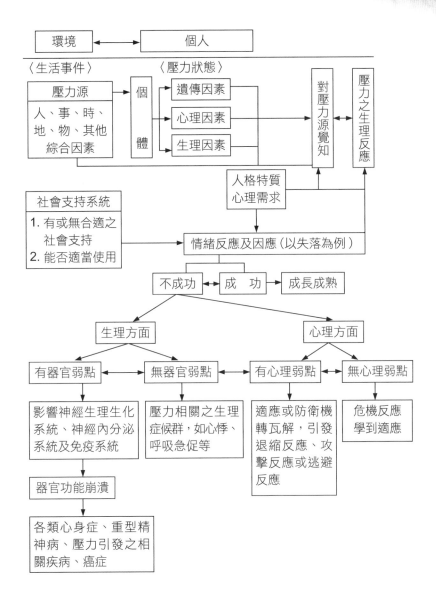

圖 7-9　健康與疾病之壓力模式

面對或逃避、正向或負向、行為之即時或延宕、適切或不當，在在皆影響壓力調適之因應。換句話說，即個體應探索自我面對壓力之認知、情緒、行為之反應，以期發展出適合自己的壓力調適策略，並創意地組合最適合自己的壓力調適策略。

二 壓力調適策略模式

　　圖 7-10 係為因應圖 7-9 進而發展之壓力調適策略模式，其重點在壓力的因應，基本上各種壓力調適方式皆有其利弊，亦須視個別差異之需求及適切性，因此首先採用後現代心理治療觀點，相信當事人是解決其壓力之專家，心理師為催化其問題發展解決之專家。當事人過去面對類似之壓力情境或事件時，他曾經成功解決之正向經驗為何？是否可加以類化應用或擴展？不論何種情況下的失敗經驗，如果當事人做了一點點的「小改變」，不管是生理、心理或社會資源應用之層面，是否會逐漸發展形成有利的「大改變」！於社會資源系統方面並斟酌：(1)社會支持之檢核，如個人之資源為何、家庭中有哪些資源、社會資源機構之有無；(2)對各項社會資源加以評估需求之適切性，並加以建立社會資源網；(3)學習適當使用社會支持；(4)於自己壓力調適後，能培養回饋成為他人之社會支持之能力。於生理方面，若有器官弱點則加強健康教育，例如：(1)覺察較弱器官之反應；(2)定期身體健康檢查；(3)健康保養；(4)其他有利於身體之預防保健方式。於生理方面，若無器官弱點則著重健康生活習慣之培養。心理方面若無心理弱點，則加強健康教育之心理衛生教育，包括個人心理衛生、家庭心理衛生、學校心理衛生及社區心理衛生。若有心理弱點，則除一般性壓力調適通則外，加強發展認知、情緒、行為及綜合之壓力調適模式。

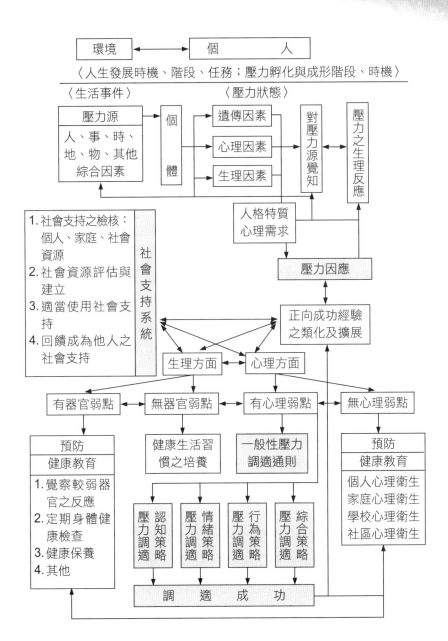

圖 7-10　壓力調適策略模式

213

三　一般性壓力調適通則

1. 認識自己、認識壓力，如本章第一節，洞察壓力來源及壓力對自己的影響。
2. 決定自己能如何改變，分析自己能否改變壓力源？能於多久時間內降低壓力源之強度？能否有能力面對壓力源？能否找到何種資源之協助？
3. 維持情緒平衡：友人分享支持或自己過去有效之調適方法。
4. 採取有系統之方法解決問題，如分析壓力問題來源、發展解決策略、嘗試實驗、評估分析效果、再調整策略、再實驗、再評估分析效果，直到解決壓力。
5. 調整有利於壓力改變的周圍環境，如去除環境之髒亂、噪音。
6. 改進內在之自我環境，如正向之自我對話。
7. 建立維持良好之支持系統如朋友、家人、社會資源。
8. 良好身心健康習慣之培養，如適當運動、健康飲食、有益身心之休閒活動（藍采風，2000）。

四　壓力調適之基本策略

㈠壓力管理的認知調適策略

　　壓力常是人「想」出來的，古話說得好：「天下本無事，庸人自擾之」，然而雖然「三歲小孩都知道，八十老翁做不到」，因為「當局者迷，旁觀者清」，「不識廬山真面目，只緣身在此山中」。然而壓力是如何「想」出來的？如何「想」才不會有壓力？或如何「想」才能化解壓力？即為壓力管理的認知調適策略之重點。例如，人之想法來自對外在刺激知覺之後果，而其知覺之來源可來自於外在情境，也可來自於個體之起心動念。基本上壓力認知調適策略主要包括：

1.　想得「合理」

　　以艾利斯（Albert Ellis）之理性情緒行為治療（rational emotive behavior therapy, REBT）而言，其基本理念認為人之想法可能合理亦可能不合理，合理之想法

產生合理之情緒或結果，相對之不合理之情緒產生不合理之情緒或結果，因此其有名之 A-B-C 理論，即所謂 A（引發之刺激、事件、人、經驗）—C（情緒或行為結果）—B（想法或信念）—D（以新的合理想法取代或駁斥原有不合理想法）—E（效果）—F（新感受）之模式。於壓力調適中，即可運用此模式去覺察自己對於壓力事件之想法是否有不合理處，以新的合理想法取代之，可以解決壓力，通常對於過度自責、將失敗歸因於自己者，此種策略頗具效果。

2. 想得合於「現實」

葛拉賽（Glasser）現實治療（reality therapy）理論的重要觀點之一——3R 觀念：合乎現實（Reality）、做得對（Right）、負責任（Responsibility）。因此，如果當事人想得合於現實可行之層面，當可減少因好高騖遠引起之壓力，也不會「望山跑死馬」。

3. 「停止」負向想法

面對常引起壓力之錯誤想法或擔心，如未婚者常告訴自己或強迫之想法：「我長得太普通了，沒有人會看上我！」如果我們能覺察到這些不當的想法，先集中注意力於這些錯誤或引起焦點之思考上，一段時間後以「停止」的命令，先由心理師進而由自己喊「停」，來中斷前述之錯誤或引起焦慮之思考，則個人壓力不再因為此種不當想法而擴大，甚至可進而減少壓力。

4. 朝「正向」想

人生不如意事十之八九，然而只往負向想常常愈想心愈慌，不僅無濟於事，反而影響心志，因此學習以正向積極想法如「人生得意事十之一二」，想想自己過去面對類似壓力之成功經驗，可能不知不覺信心由心而來。

5. 「想開來」

世上許多苦惱常因想不開，換句話說「放不下」、「捨不得」，因此壓力自然層層環繞解不開，既然要想就好好想，想得透澈，有若禪宗公案「當頭棒喝」，能捨能得。例如，到殯儀館、太平間，看看古今將相帝王今何在？猶是荒郊野地塚；看看當年校花美嬌女，人老朱顏今何在？當然亦可積極想想，如果你一覺醒來一切都改變了，達成你的人生願望了，那時之景觀為何，激勵自我往現在逐步

推演，把握現在，盡本分，做好事，理想亦不遠矣。

㈡壓力管理的情緒調適策略

　　壓力與情緒密切有關，壓力亦是情緒反應的一種，面對壓力如果是壓抑而沒有適切之出口，不僅解決不了壓力，更可能因壓抑而產生身心障礙，因此於壓力管理的調適策略，包括：

1. 壓力情緒覺察

　　學習情緒之覺察方法，如第一節所述之各種壓力覺察方法，幫助個體壓力情緒之自我覺察。

2. 壓力情緒導引

　　引導壓力之情緒有出路，而且是安全且不會傷害他人的方式，如與好友分享、向心理諮商專業人員訴說、運動或唱歌。

3. 壓力情緒昇華

　　昇華壓力情緒，如化悲憤為力量，化壓力為動力，將壓力激發之能量用之於積極正向有創意之生產性活動，如寫作、書畫、志工。

4. 壓力情緒處理

　　當壓力情緒處理到一個段落，可以冷靜省思，壓力情緒因何而起，自己的反應、影響、處理之效果，歸因整理，以為未來如果再遇到類似壓力，如何有效地導引情緒。

5. 壓力情緒情通緒和

　　壓力之情緒處理策略不只是一時之因應，更可預防性之自我提醒，消極上避免壓力情緒之升高，積極上事先做好壓力之管理，預防勝於治療，時時疏離情緒，當成一種生活的功課，讓情緒情通緒和。

㈢壓力管理的行為調適策略

　　壓力不只是認知與情緒之影響，顯現於外者即為行為，壓力行為之管理策略不僅行為之增強、消弱、懲罰，而且更積極地思考當我做了怎樣的行為，壓力會有改善或變惡？相對之，當我不做某些行為，壓力會減少或增加？我如何養成好的減壓行為？

1.好行為多

思考個人之行為清單中哪些與降低壓力有關，如早起就不易遲到；前一天就把公事包準備好，就不會因匆忙而忘記帶東西；養成做備忘錄，就不會掛一漏萬；不答應太多事，就不會時間不夠用。培養生活中能減壓的好行為，壓力就會減少。

2. 壞習慣少

思考個人之行為清單中哪些與壓力有關，列出後排出消除優先順序，逐一消弱或改善，例如，老章喜歡與人抬槓，常造成人際衝突壓力，影響升遷。

3. 安排生活

生活中，事與人之安排常深刻影響壓力之有無，如不適配人之組合，可能引發人際間不舒服或衝突，親如夫妻亦然，生活中之事件安排若太多或太緊也會引發壓力，因此於生活中學習取捨、簡單、有緊湊亦有閒暇，對於壓力之預防應有幫助。對於有些的確為生活壓力所逼，除接納外，至少於內心中存著希望，相信有朝一日會過得更好！

4. 角色扮演

角色扮演常常帶給我們壓力，尤其面對新的角色或不易扮演的角色，甚至是不想扮演的角色，然而藉由預演式的角色扮演，例如，老師之試教、演說者之試講，讓我們學習扮演人生中有些無法逃避之角色，「盡本分，做好事，做什麼，像什麼！」

5. 模仿學習

模仿學習自己周遭相同條件者，其遭遇類似壓力之處理方法中，效果不錯且合於自己能力者，如學生考試壓力大，看到同學整理筆記重點的方法，對考試準備事半功倍，因此模仿學習，效果良好，因此壓力減低。

217

五 壓力調適的綜合策略

壓力調適常不限於上述三種策略之單一模式，有時會綜合其中二種或三種同時實施，例如一方面以壓力調適之認知策略「朝正向想」，同時以壓力調適之行

為策略「好行為多」，多做一點有益於解壓之好行為。

其組合方式亦可因時間之前後而先後實施。其組合模式可分別如下：

認知調適策略──以 C 為代號

情緒調適策略──以 E 為代號

行為調適策略──以 B 為代號

壓力調適綜合策略──以 S 為代號

則 $S = f(C, E, B)$ 則有 C；E；B；C + E；C + B；E + B 及 C + E + B 等七種組合，如果將上述類別之分項相乘，其乘積達 125 項之多：

$C(5) \times E(5) \times B(5) = CEB(125)$。因此，可以綜合方式創造發展各種壓力調適策略，但基本上以適合於當事人之需求及能力為原則。

關 鍵 詞 彙

良質壓力	壓力情緒顏色標定法
中性壓力	壓力覺察量表法
劣質壓力	A 型性格檢核法
短期壓力	H 型憤怒行為檢核量表
持續壓力	青少年之十大壓力源
過度壓力	中年人之十大壓力事件
輕度壓力	不受老年人歡迎之事件
壓力模式	健康與疾病之壓力模式
多元向度之壓力歸類圖	壓力調適策略模式
壓力心情指數日記法	壓力管理的認知調適策略
托球法	壓力管理的情緒調適策略
五方格法	壓力管理的行為調適策略
壓力情緒臉譜法	

自我評量題目

1. 試依壓力性質分類覺察自己的壓力。

2. 試依壓力的影響性覺察自己的壓力。

3. 試述壓力為何為多元之綜合性。

4. 試述檢核自我壓力的方法。

5. 試述各年齡層壓力源的相同及相異性。

6. 練習 H 型憤怒行為量表。

7. 練習壓力心情指數日記法。

8. 練習托球法。

9. 練習五方格法。

10. 練習壓力情緒臉譜法。

11. 練習情緒顏色標定法。

12. 練習 A 型性格檢核表。

13. 試述壓力調適之基本策略。

14. 試述一般性壓力調適通則。

15. 試述壓力管理的認知調適策略。

16. 試述壓力管理的情緒調適策略。

17. 試述壓力管理的行為調適策略。

參考文獻

Alison（1997）。善用憤怒。載於**讀者文摘**中文版，1997，3。

王美華（譯）（2002）。Kenneth B. Matheny & Christopher J. McCarthy 著。**寫自己的壓力處方**。台北：張老師文化公司。

吳英璋（1994）。從健康、壓力與因應談全方位的身心均衡。**學生輔導通訊，34**，16-29。

卓良珍（1987）。時代的文明病——生活壓力與疾病。**心靈健康與輔導學術研討會發表論文**。台北：宇宙光傳播中心。

張美惠（譯）（2003）。Patricia Farrell 著。**做自己的心理管家**。台北：張老師文化公司。

張德聰（1995）。解決壓力的七種維他命。**講義，18**，1，115-116。

黃惠惠（2002）。**情緒壓力管理**。台北：張老師文化公司。

楊淑智（譯）（2002）。Susan Rose Baluner 著。**向自殺說不**。台北：張老師文化公司。

藍采風（2000）。**壓力與適應**。台北：幼獅文化公司。

Dunbar, H. F. (1943). *Psychosomatic diagnosis*. New York: Paul Hoeber.

Freudenberger, H. J., & North, G. (1985). *Women's Burnout: How to spot it, how to reverse it, and how to prevent it.* New York: Doubleday & Co.

Friedman, M., & Ulmer, D. (1985). *Treating Type A Behavior -and Your Heart*. New York: Random House Publishing Group.

Friedman, M., & Rosenman, R. H. (1959). Association of specific overt behavior pattern with blood and cardiovascular findings. *Journal of the American Medical Association,169*, 1286-1296.

Holmes, T. H., & Rahe, R. H. (1967). The social readjustment rating scale. *Journal of Psychosomatic Research, 11*, 213-217.

Lazarus, R. S., & Folkman, S. (1984). *Stress, appraisal, and coping*. New York: Springer.

Selye, H. (1976). *The stress of life*. New York: Random House.

Sutherland, V. J., & Cooper, C. L. (1990). *Understanding Stress. A Psychological Perspective for Health Professions*. London: Chapman & Hall.

第八章

壓力因應的方法

學習目標

——研讀本章內容之後，學習者應能達成下列目標：

1. 學習壓力調適心理策略之因應方法，包括認知、情緒與行為等三個層面的壓力因應方法。
2. 學習壓力調適生理策略之因應方法。
3. 學習壓力調適社會支持策略之因應方法。
4. 學習壓力調適綜合策略之因應方法。

摘　要

　　本章共分四節，分別於第一節介紹壓力調適心理策略之因應方法，就情緒、行為與認知三個部分介紹。第二節則基於壓力與生理及心理關係密切，因此就壓力調適生理策略之因應方法加以介紹。第三節則因社會資源對於壓力因應亦十分重要，因此介紹壓力調適社會支持策略之因應方法。第四節則因壓力因應方法常涵蓋多元策略，因此介紹壓力調適綜合策略之因應方法。

　　隨著人們關心健康，各種壓力因應的書籍紛紛出籠，簡要歸類可分為兩大類：第一類為傳統之以專家取向提供需要幫助者解壓之道；其中又分為三種：⑴以消極之逃避或積極調適因應分類（黃惠惠，2002）；⑵一般性因應方法及特殊性因應方法（潘正德譯，1995）；⑶以綜合性觀點介紹各種方法（張小鳳、劉以桂、邱大昕譯，1991）。第二類則因近年來後現代心理治療觀點，重視當事人為其自己問題解決的專家，逐漸以當事人為中心之解壓方法，如《做自己的心理管家》、《寫自己的壓力處方》、《向自殺 Say No！》等書。然而不管哪種分類，最重要的決策者是有壓力者自己認為最有效的方法。

　　本章第一節中呼應第七章之解決壓力調適之基本策略，包括壓力調適心理策略之方法，其中分為情緒、行為與認知三大類。第二節則基於壓力調適之生理與心理關係密切，因此就壓力調適生理策略之方法加以介紹。第三節則介紹壓力調適社會支持策略之方法。第四節則介紹壓力調適綜合性策略之各種方法。

第一節
壓力調適心理策略之方法

　　壓力調適於心理層面方面，乃基於輔導諮商之觀念「先處理情緒再處理問題」。本節先介紹壓力調適情緒策略之方法，進而基於行為改變常影響壓力之改變，介紹壓力調適行為策略之方法；而個人對壓力之解讀及認知，深刻影響個人之壓力處理，故接著介紹壓力調適認知策略之方法。

一　壓力調適的「情緒」策略

　　讓壓力情緒有適當出路——情緒宣洩的管道。一般人面對壓力情緒方面常是繃緊的、不能放鬆的，如果一直壓抑或消極地以「自我防衛轉機」對自己的壓力合理化解釋，累積到不能自我控制時，可能帶給自己身心傷害。因此，如何適當

地宣洩自己的壓力，讓壓力有出口，疏濬重於防堵，是值得探討學習的。

㈠說出來

能把壓力說出來就是一種解脫！但是說的對象要是值得信任的好友、專業形象良好的心理諮商輔導相關機構，或心理諮商專業人員如心理師、受過陪靈輔導專業訓練之神職人員，或參加專業心理諮商機構適切性質之團體諮商。

㈡寫下來

如果於壓力狀態下，可嘗試把壓力事件的來龍去脈詳細寫出或條列，進一步自我分析，在書寫中對自我壓力之關鍵及解壓之道能了然於心。

1. 日記法或札記法

平時若有寫日記的習慣，每日亦可寫下自己壓力或苦惱之處，以紓解壓力，若無寫日記習慣者可以札記方式寫下來，亦可解決壓力。

2. 罵出來

亦有人讓好友一起腦力激盪「罵人名詞大會串」，存於電腦檔案，甚至設立「罵人網站」，當對某些事或人不高興之際又無法溝通，便將檔案叫出，於電腦上集合罵人之名詞將對方罵得狗血淋頭，發洩發洩。但有一個規則，即對方名字一定要寫錯，或印出後撕掉、立即刪除檔案，以免一氣之下發mail給對方惹來官司製造更大壓力。

㈢唱出來

1. 錄音帶法

音樂療法亦是壓力紓解的好方法，或許平常可留意哪些音樂可幫助你振奮情緒，另外有哪些音樂會讓你心情緩和，可分別錄下來，以備當你於壓力下，可以視情緒之興奮或消沉，聆聽不同音樂紓解壓力。

2. 洗澡歌唱法

自己於家中洗澡時一邊洗一邊唱歌，當「烏鴉歌王」或「麻雀歌后」，只要隔音夠好，不會遭鄰居向環保局檢舉噪音，應有解壓之效。

3. 海邊大叫法

到海邊對著大海大聲喊叫，亦可發洩壓力。

4. 軍歌答數法

　　另外亦可學習軍中之唱軍歌答數，找一群人一起唱軍歌答數，將心中壓力大聲唱出來！喊出來！

5. 參加熱門音樂演唱會法

　　如果有自己欣賞的偶像歌手之演唱會，通常會有一些振奮的音樂，或希望聽眾熱烈回應，在自然之呼應中，情緒壓力就可能紓解。

6. 卡拉 OK 法

　　於家中唱卡拉 OK 亦是一種方法，只要不吵到家人或鄰居；亦可與好友到合格安全的卡拉 OK 店，一起唱唱歌紓解壓力。

㈣動開來

　　適當的運動有益於壓力情緒紓解，例如，打球或健行、散步皆可紓解壓力。國外亦有人用「沙包療法」，即帶上拳擊手套捶擊沙包，雖較具攻擊性，但若適當使用，亦可紓解壓力。

㈤跳出來

　　讓自己暫時離開引發壓力的地方，或讓自己離開壓力源，亦為紓解方法之一。亦可暫時讓自己離開工作之壓力情境，欣賞一下天上白雲、樹上小鳥或路人，讓自己沉澱下來，跳出原來壓力地點或情境，讓自己有能量時再回去面對因應。

㈥慢下來

　　有時壓力是因為自己的生活節奏太快了，不妨適時提醒自己慢下來！

㈦助人去

　　於壓力中或許不適於當助人者，但當當志工，由服務中或許也能得到解壓的效果。找機會當當志工助人去，讓自己跳出自我中心，快樂自然來。

㈧參觀去

　　有些人一直認為自己是世界上最不幸的人，若有機會到安養院、急診室，甚至殯儀館，看盡人間生、老、病、死，比較之下，或許就會覺得自己的壓力不足為道。

二 　**壓力調適的「行為」策略**

壓力調適若只有情緒處理，對有些壓力可能是有效的，然而許多壓力於情緒處理後，尚須以具體行為處理，謹介紹壓力調適的行為策略如下：

㈠時間管理法

上帝是公平的，不論將、相、帝、侯、販夫、走卒，一天皆有二十四小時，有些人每天覺得時間不夠用，有些人卻閒得發慌，有些則因為時間安排不當，太多事情擠在一起，以致一團混亂。有些人則常為期限所逼，天天匆匆忙忙，連吃個飯都像在打仗，毫無生活品質可言，因此如何有效安排時間，對壓力管理是十分重要的。

時間管理的步驟如下：

1. 記錄時間

利用一週時間記錄你的時間用到哪裡去。運用表8-1，將每天分成四段，分別為早上醒來至中飯，中飯至晚飯前，晚飯後至睡前，以及睡覺時間，於一般生活中連續記錄七天。

表 8-1　時間記錄表　　　　　　　　　　　　　年　　月　　日

時段	項目	時數（以小時為單位）
早上醒來至中飯	1. 2. 3. 4.	
中飯至晚飯前	1. 2. 3. 4.	
晚飯後至睡前	1. 2. 3. 4.	
睡覺時間		

2. 分析時間

將上述記錄之時間統計歸類處理並除以 7 後，分成兩張表，分別為 8-2 工作有關活動分析表，及表 8-3 工作無關活動分析表。

表 8-2　工作有關活動分析表

項目	時間（以小時為單位）	%	排序
1. 社交			
2. 常規工作			
3. 有效的工作			
4. 開會			
5. 撥打關於工作的電話			
6. 訓練			
7. 其他			

表 8-3　工作無關活動分析表

項目	時間（以小時為單位）	%	排序
1. 打電話			
2. 談話			
3. 看電視			
4. 從事嗜好活動			
5. 閱讀			
6. 社區活動			
7. 通勤			
8. 購物			
9. 家務處理			
10. 照顧小孩			
11. 其他娛樂			
12. 探視父母			
13. 看病			
14. 烹飪			
15. 飲食			
16. 睡覺			
17. 午睡			
18. 其他			

3. **排出人生重要目標**

分為近程、中程及遠程，時程可由個人訂定，範例如下：

※一位諮商心理師的範例

近一個月的目標	1.完成研究論文計畫
	2.
	3.
一年後目標	1.全家陪伴母親赴日旅遊
	2.
	3.
終生的目標	1.寫一部自傳體小說
	2.
	3.

(1)將目標化為具體行動：

‧本週起每週花三個晚上準備論文計畫資料。

‧開始蒐集日本資料，同時每週兩次陪母親散步增加體力。

‧每週定下一天蒐集資料並練習撰寫大綱。

(2)練習做每日行事曆或利用 PDA 記錄及管理。

(3)刪減與目標無關的時間，創造時間，增加與目標有關的時間；經由表 8-1 及表 8-2，可以分析自己是否有浪費時間於不需要之事。學習拒絕不必要的應酬、開會或演講，在行事曆預留時間以備不時之需。

(4)定期檢核已執行之行動，如果達成，給自己鼓勵，若達不到則重新檢討計畫。

㈡正向習慣法

培養有助於減少壓力的生活好習慣，如：

1. 吃早餐。

2. 每週運動三次，每次三十分鐘。

3. 睡眠足，每天十一點以前睡，每日睡滿六個半小時。

4. 不喝酒或適量喝酒。

5. 不抽菸。

6. 有好友。

7. 家庭和諧。

8. 工作勝任。

9. 標準體重。

10. 與人為善。

(三)肌肉鬆弛法

　　肌肉鬆弛法基本上係以意志或暗示來控制的深層肌肉鬆弛方法，並把握神經反射定律之全有或全無定律（all or none），透過專業人員之適當訓練，協助當事人放鬆並減少生理、心理壓力，並可避免其他焦慮反應。

　　其適用症狀包括肌肉緊張、失眠、沮喪、疲倦、腸敏感、頸部及背部疼痛、高血壓、輕度恐懼及口吃。每次練習約十至十五分鐘，其放鬆之肌肉群組包括：

1. **手部肌肉群**：包括手掌、手腕、手肘及手臂。

2. **頭部肌肉群**：包括額部、眼皮、鼻、兩頰、唇及舌頭，就情緒而言，此為全身最重要放鬆之部位。

3. **頸部及肩部肌肉群**。

4. **胸部腹部及背部肌肉群**。

5. **腿部及下肢肌肉群**：包括腿部、臀部、小腿、腳踝、腳掌及腳趾部位。

　　練習肌肉放鬆法時，穿著寬鬆舒適之休閒服，坐於寬鬆可支撐頭部及背部之椅子上，燈光可以微弱，注意空氣流通，溫度適宜約 25℃，提醒當事人放鬆後體溫會微降，由上述肌肉組群之順序逐步放鬆，諮商師之語氣要平靜、清晰、肯定但溫和，每一部分肌肉之放鬆練習約三至五次，一邊唸指示語，一邊觀察當事人之非口語反應，控制適當節奏，或事先以錄音帶錄製播放；亦可配合柔和的背景音樂，但音量不宜太大。

1. **手部肌肉群**

    以手臂之放鬆，作為暖身及預備，其指示語通常有以下方式：

    (1)現在請專心聽我所說的話，把注意力集中到手臂。（語氣平靜）

    (2)請提起你的手臂。

    (3)用力握緊你的拳頭。（語氣逐漸高亢）

    (4)再用力握緊。（語氣逐漸高亢）

    (5)更用力握緊。（語氣逐漸高亢）

    (6)讓你的手臂盡量往前伸直！伸直！再伸直！伸直！伸直！再伸直！（語氣逐漸高亢）

    (7)你會覺得很痠很緊！你會覺得很痠很緊！（語氣逐漸高亢）

    (8)體會這種痠的感覺。（語氣逐漸緩和）

    (9)好……

    (10)現在開始慢慢放鬆。

    (11)你於心裡告訴自己：「我要放鬆！放鬆！再放鬆！」

    (12)讓手慢慢放下……（語氣逐漸緩和）

    (13)讓手慢慢放下……（語氣逐漸緩和）

    (14)讓手慢慢放下……（語氣逐漸緩和）

    (15)放到最舒服的地方！

    (16)放到椅子兩邊自然垂下！

    (17)放鬆！放鬆！再放鬆！（語氣逐漸緩和）

    (18)放鬆！放鬆！再放鬆！（語氣逐漸緩和）

    (19)放鬆！放鬆！再放鬆！（語氣逐漸緩和）

    (20)體會這種放鬆的感覺。（語氣平靜、肯定、溫和）

    (21)體會這種放鬆的感覺。（語氣平靜、肯定、溫和）

    (22)體會這種放鬆的感覺。（語氣平靜、肯定、溫和）

    (23)體會這種放鬆的感覺。（語氣平靜、肯定、溫和）

(24)你已經讓手臂肌肉完全放鬆了……（語氣平靜、肯定、溫和，重複約三至
　　五次）

2. **頭部肌肉群**

(25)現在把注意力慢慢集中到你的眼皮！（語氣平靜）

(26)把眼皮閉緊！（語氣逐漸高亢）

(27)閉緊！閉緊！再閉緊！（語氣逐漸高亢）

(28)讓你的額頭皺起來。（語氣逐漸高亢）

(29)鼻子也皺起來。（語氣逐漸高亢）

(30)嘴唇嘟起來。（語氣逐漸高亢）

(31)讓整個臉部都皺起來。（語氣逐漸高亢）

(32)用力！用力！再用力！（語氣逐漸高亢）

(33)用力！用力！再用力！（語氣逐漸高亢）

(34)用力！用力！再用力！（語氣逐漸高亢）

(35)體會這種很緊很緊的感覺！（語氣平靜）

(36)好……現在慢慢放鬆……（語氣逐漸緩和）

(37)放鬆！放鬆！再放鬆！（語氣逐漸緩和）

(38)放鬆！放鬆！再放鬆！（語氣逐漸緩和）

(39)放鬆！放鬆！再放鬆！（語氣逐漸緩和）

(40)體會這種放鬆的感覺。（語氣平靜、肯定、溫和）

(41)體會這種放鬆的感覺。（語氣平靜、肯定、溫和）

(42)體會這種放鬆的感覺。（語氣平靜、肯定、溫和）

(43)你已經讓頭部肌肉完全放鬆了……（語氣平靜、肯定、溫和，重複約三至
　　五次）

3. **頸部肌肉群**

(44)現在把注意力慢慢集中到你的頸部！（語氣平靜）

(45)請坐端正。

(46)把頸部往前垂下，逐漸彎向你的胸部！（語氣逐漸高亢）

(47)向下彎、彎、再彎！（語氣逐漸高亢）

(48)彎到你會覺得很痠很緊就可以了！（語氣平靜）

(49)你的頸部已經很緊了。（語氣平靜）

(50)體會這種很緊很緊的感覺！（語氣平靜）

(51)好……現在慢慢放鬆，讓頸子慢慢回到原來的位置。（語氣逐漸緩和）

(52)放鬆！放鬆！再放鬆！（語氣逐漸緩和）

(53)放鬆！放鬆！再放鬆！（語氣逐漸緩和）

(54)放鬆！放鬆！再放鬆！（語氣逐漸緩和）

(55)你可以讓頸子轉一圈，放到你覺得最舒服的位置。

(56)將背部靠向椅背放鬆……放鬆……（語氣平靜、肯定、溫和）

(57)體會這種放鬆的感覺。（語氣平靜、肯定、溫和）

(58)體會這種放鬆的感覺。（語氣平靜、肯定、溫和）

(59)體會這種放鬆的感覺。（語氣平靜、肯定、溫和）

(60)你已經讓頸部肌肉完全放鬆了……（語氣平靜、肯定、溫和，重複約三至五次）

4. **肩部肌肉群**

(61)現在把注意力慢慢集中到你的肩部！（語氣平靜）

(62)請坐端正！

(63)把兩肩的肌肉往上提！往上提！往上提！（語氣逐漸高亢）

(64)上提！再上提（語氣逐漸高亢）

(65)提到你會覺得很痠很緊就可以了！（語氣平靜）

(66)你的肩部已經很緊了！（語氣平靜）

(67)體會這種很緊很緊的感覺！（語氣平靜）

(68)好……現在慢慢放鬆，讓肩部慢慢回到原來的位置。（語氣逐漸緩和）

(69)放鬆！放鬆！再放鬆！（語氣逐漸緩和）

(70)放鬆！放鬆！再放鬆！（語氣逐漸緩和）

(71)放鬆！放鬆！再放鬆！（語氣逐漸緩和）

(72)你可以聳一下肩部放到你覺得最舒服的位置。

(73)將背部靠向椅背放鬆……放鬆……（語氣平靜、肯定、溫和）

(74)體會這種放鬆的感覺。（語氣平靜、肯定、溫和）

(75)體會這種放鬆的感覺。（語氣平靜、肯定、溫和）

(76)體會這種放鬆的感覺。（語氣平靜、肯定、溫和）

(77)你已經讓肩部肌肉完全放鬆了……（語氣平靜、肯定、溫和，重複約三
至五次）

5. 胸部、腹部及背部肌肉群

(78)現在把注意力慢慢集中到你的腹部！（語氣平靜）

(79)請坐端正！（語氣平靜）

(80)首先讓背部挺直！（語氣逐漸高亢）

(81)挺直！再挺直！（語氣逐漸高亢）

(82)兩隻手臂往後夾！（語氣逐漸高亢）

(83)你會覺得有很緊的感覺！（語氣逐漸高亢）

(84)同時把腹部的肌肉往內縮！往內縮！往內縮！（語氣逐漸高亢）

(85)往內縮！再縮！再往內縮！（語氣逐漸高亢）

(86)往內縮時你的胸部同時向前挺出！再向前挺出！（語氣平靜）

(87)挺到你會覺得很緊就可以了。（語氣平靜）

(88)你的背部、胸部、腹部都已經很緊了。（語氣平靜）

(89)體會這種很緊很緊的感覺！（語氣平靜）

(90)好……現在慢慢放鬆，讓腹部慢慢放鬆回到原來的位置。（語氣逐漸緩
和）

(91)放鬆！放鬆！再放鬆！（語氣逐漸緩和）

(92)放鬆！放鬆！再放鬆！（語氣逐漸緩和）

(93)放鬆！放鬆！再放鬆！（語氣逐漸緩和）

(94)你可以讓腹部放鬆到你覺得最舒服的位置。

(95)你的胸部慢慢恢復自然。

(96)將背部靠向椅背放鬆……放鬆……（語氣平靜肯定溫和）

(97)體會這種放鬆的感覺。（語氣平靜、肯定、溫和）

(98)體會這種放鬆的感覺。（語氣平靜、肯定、溫和）

(99)體會這種放鬆的感覺。（語氣平靜、肯定、溫和）

(100)你已經讓腹部、背部肌肉完全放鬆了……（重複數遍）

(101)現在把注意力慢慢集中到你的胸部！（語氣平靜）

(102)請坐端正！

(103)現在慢慢吸氣。（語氣逐漸高亢）

(104)吸氣！再吸氣！（語氣逐漸高亢）

(105)吸到你覺得胸部很脹很緊就可以了。（語氣平靜）

(106)你的胸部已經很脹很緊了。（語氣平靜）

(107)體會這種很緊很緊的感覺！（語氣平靜）

(108)好……現在慢慢呼氣……呼氣……

(109)放鬆，讓胸部慢慢放鬆回到原來的位置。（語氣逐漸緩和）

(110)放鬆！放鬆！再放鬆！（語氣逐漸緩和）

(111)放鬆！放鬆！再放鬆！（語氣逐漸緩和）

(112)放鬆！放鬆！再放鬆！（語氣逐漸緩和）

(113)重複輕鬆地吸進來……慢慢呼出去……

(114)輕鬆地吸進來……慢慢呼出去……

(115)輕鬆地吸進來……慢慢呼出去……

(116)將背部靠向椅背放鬆……放鬆……（語氣平靜、肯定、溫和）

(117)體會這種放鬆的感覺。（語氣平靜、肯定、溫和）

(118)體會這種放鬆的感覺。（語氣平靜、肯定、溫和）

(119)體會這種放鬆的感覺。（語氣平靜、肯定、溫和）

(120)你已經讓腹部、背部、胸部的肌肉完全放鬆了……（語氣平靜、肯定、溫和，重複約三至五次）

6. **腿部及下肢肌肉群**

   (121)現在把注意力慢慢集中到你的腿部！（語氣平靜）

   (122)請坐端正！

   (123)坐在椅子上注意平衡，請把兩腿往上平舉！腳尖向上！（語氣逐漸高亢）

   (124)平舉！向前伸直！腳趾向下壓！向下壓！（語氣逐漸高亢）

   (125)壓到你覺得很痠很緊就可以了。（語氣平靜）

   (126)你的腿部已經很緊很痠了。（語氣平靜）

   (127)體會這種很痠很緊的感覺！（語氣平靜）

   (128)好……現在慢慢放鬆，讓兩腳慢慢放鬆回到原來的位置。

   (129)讓兩腳慢慢放鬆回到原來的位置，動動腳，你會覺得很舒服。

   (130)你會覺得很舒服。（語氣逐漸緩和）

   (131)放鬆！放鬆！再放鬆！（語氣逐漸緩和）

   (132)放鬆！放鬆！再放鬆！（語氣逐漸緩和）

   (133)放鬆！放鬆！再放鬆！（語氣逐漸緩和）

   (134)你可以將兩腳擺動一下，放到你覺得最舒服的位置。

   (135)將背部靠向椅背放鬆……放鬆……（語氣平靜、肯定、溫和）

   (136)體會這種放鬆的感覺。（語氣平靜、肯定、溫和）

   (137)體會這種放鬆的感覺。（語氣平靜、肯定、溫和）

   (138)體會這種放鬆的感覺。（語氣平靜、肯定、溫和）

   (139)你已經讓腿部的肌肉完全放鬆了……（語氣平靜、肯定、溫和，重複約三至五次）

7. **綜合各組肌肉群**

   (140)現在把注意力再集中到你的頭部，你的額頭已經放鬆了。（語氣平和，重複三次）

   (141)你的眉毛、眼皮、鼻子都已經放鬆！放鬆！放鬆！再放鬆！（語氣平靜、肯定、溫和）

   (142)你可以吞一口口水！放鬆你嘴巴的肌肉，臉頰的肌肉都放鬆了……（語

氣平靜、肯定、溫和）

(143)你頭部的肌肉都完全放鬆了！（語氣平靜、肯定、溫和，重複三次）

(144)現在注意到你的頸部肌肉！

(145)讓你的頸部輕輕繞一圈後，放回原來最舒服的地方……

(146)你的頸部肌肉都已經放鬆了！放鬆！放鬆！再放鬆！（語氣平靜、肯定、溫和）

(147)你頸部的肌肉都完全放鬆了！（語氣平靜、肯定、溫和，重複三次）

(148)現在注意到你的肩部肌肉！

(149)讓你的肩膀聳一下！放鬆！放鬆！

(150)你肩部的肌肉都已經放鬆了！放鬆！放鬆！再放鬆！（語氣平靜、肯定、溫和）

(151)你肩部的肌肉都完全放鬆了！（語氣平靜、肯定、溫和，重複三次）

(152)現在注意到你的腹部肌肉及背部肌肉！

(153)你的腹部肌肉及背部都已經放鬆了！放鬆！放鬆！再放鬆！（語氣平靜、肯定、溫和）

(154)你的腹部肌肉及背部肌肉都完全放鬆了。（語氣平靜、肯定、溫和，重複三次）

(155)現在注意到你的胸部！

(156)慢慢吸氣……

(157)慢慢吸氣……再吸氣……

(158)輕鬆地吸進來……慢慢地呼出去……

(159)輕鬆地吸進來……慢慢地呼出去……

(160)你的胸部已經放鬆了！放鬆！放鬆！再放鬆！（語氣平靜、肯定、溫和）

(161)你的胸部、腹部及背部都完全放鬆了。（語氣平靜、肯定、溫和，重複三次）

(162)現在注意到你的腿部！

(163)讓你的腿部動一動，放到最舒服的位置！放鬆！放鬆！

(164)你的腿部都已經放鬆了！放鬆！放鬆！再放鬆！（語氣平靜、肯定、溫和）

(165)你的腿部完全放鬆了。（語氣平靜、肯定、溫和，重複三次）

(166)現在你全身都放鬆了……放鬆……放鬆……（語氣平靜、肯定、溫和，重複三次）

(167)體會你現在舒服放鬆的感覺。（語氣平靜、肯定、溫和，重複三次）

(168)好……現在要慢慢張開眼睛。

(169)慢慢張開眼睛。

(170)慢慢張開眼睛。

(171)張開眼睛之後輕輕地動動身體，暫時不要有太大的肌肉動作。

(172)現在張開眼睛……

三　壓力調適的「認知」策略

解決壓力的「認知」策略，包括下列五種：

㈠正向自我對話法（positive self talking）

每天梳妝打扮後，對著鏡子，練習自我鼓勵，以正向之話語自我敘述，例如：「今天我要平心靜氣，認真完成今天的工作計畫，而且對於同事的好表現給予欣賞與鼓勵！」回家後對著鏡子回想今天自己做得不錯的事！自我鼓勵！

㈡正向例外經驗法（positive exception experience）

當面對壓力時，回想過去自己是否曾經有類似之情況，自己曾經做了些什麼行為，順利地解決壓力？這些方法中有哪些是可以類化應用於當下之壓力情境，將之寫下來，更精細地調整步驟，嘗試練習，修正再因應。

㈢假設解決想像法（imagnation solution）

此種方法為焦點解決治療技巧之一，應用假設性之建構，引導當事人想像如果問題解決之後之遠景，為在後現代心理治療的假設性解決架構運用之水晶球技

巧。其中一種為：「如果一覺醒來一切都改變了？如果你解決了壓力，那時你會是怎樣的狀態，包括表情、行為、心情、表達？如果由成功解決的遠景逐漸地拉到當下，你的第一步會如何開始？」預想未來達成目標時之效果，讓自己產生動力開始邁向成功解壓的第一步。

㈣自我暗示法（autogenic training）

自我暗示訓練是一套讓身體、心理及情感迅速地對口頭命令做反應，以達到放鬆與恢復平衡狀態的系統性活動，這是降低長期壓力有效且被接受的方法之一（張小鳳等譯，1991）。大約在 1900 年，腦科神經生理學家瓦格德（Oskar Vogt）發現有些病人可以讓自己處於催眠狀態，他稱這種現象為自我催眠（autohypnosis），有這種現象之病人較之其他病人不容易疲勞、緊張，心身症狀也必較少。後來德國的精神科醫師舒茲（Johannes Schultz）於 1932 年發展一套以自我催眠為基礎之自我暗示訓練，他發現受到催眠的人四肢及身體會有溫暖及沉重的感覺。因此他發展了一套自我暗示訓練，自我催眠者身體溫暖係因血管擴張，促進血液循環，而身體沉重則是肌肉放鬆的結果，這二種現象為放鬆的基本要素，因此被視為一種放鬆技術。

自我暗示意味自己誘導自己，同時代表著自我治療，被證實於生理、心理皆產生良好效能。生理上對於氣喘、便秘、抽筋、消化不良、潰瘍、痔瘡、糖尿病、結核病及背痛皆有不同程度之幫助；心理上對於疼痛之減輕及一般性之焦慮、易怒和疲勞也有幫助。

傳統之自我暗示於練習時需要循序漸進，並須由專業人員訓練，一般熟練練習者至少需要二個月以上至一年，剛開始時一天中做一分半鐘，練習五至八次，亦可一天練習三次，每次三十秒到一分鐘。愈覺得舒服時，調整到一天二次，每次三十至四十秒。其中包括六個基本階段：

1. 注意力放在手、腳「沉重」的感覺（由慣用之手、腳開始）。
2. 注意力放在手、腳「溫度」的感覺（由慣用之手、腳開始）。
3. 注意力放在心臟部位「平穩」、「放鬆」與「溫暖」的感覺。
4. 注意力放在呼吸上「規律」、「平穩」、「放鬆」、「舒暢」的感覺。

5. 注意力放在腹部上「溫暖」的感覺。

6. 注意力放在額頭上「涼涼」的感覺。

※練習步驟：

1. 於準備好的狀態：沒吃東西、舒適安靜的環境、十分鐘時間。

2. 選好姿勢（三種擇一），愈輕鬆、愈放鬆愈好。

(1)躺姿：躺著墊高頭部，兩腳分開約十公分，腳尖朝外，兩手舒適放在身體
兩側，手肘微彎，手掌向上，但不觸及身體。腹部亦可墊毛毯以增加舒服。

(2)坐姿一：適合矮凳子或低椅背之坐姿，臀部坐在椅子前端，背向前微彎，
手臂放在大腿上，兩手自然下垂，雙腳略向前伸。

(3)坐姿二：適合高椅背之坐椅，將臀部貼靠椅背，頭部、背部靠在椅背上，
身體挺直，撐住頭部，雙手置於扶手上盡量放鬆。

3. 重複下面之口頭指示語約一分半鐘，最好先錄音下來，配合實做，每天五至八
遍，每個口頭指示約五秒鐘，停約三秒鐘，慢慢說，重複四至五次。先由慣用
之手、腳開始。

※預備

(1)我很平靜。

(2)環境很安靜。

※手臂

(3)我的右手臂（慣用手臂）是沉重的。（四至五次）

(4)我的左手臂是沉重的。（四至五次）

(5)我的兩隻手臂是沉重的。（四至五次）

(6)我的右手臂是沉重而緩和的。（四至五次）

(7)我的右手臂愈來愈沉重，愈來愈緩和。（四至五次）

(8)我的左手臂是沉重而緩和的。（四至五次）

(9)我的左手臂愈來愈沉重，愈來愈緩和。（四至五次）

(10)我的兩隻手臂是沉重而緩和的。（四至五次）

※腳

(11)我的右腳（慣用腳）是沉重的。（四至五次）

(12)我的左腳是沉重的。（四至五次）

(13)我的兩腳是沉重的。（四至五次）

(14)我的右腳是沉重而緩和的。（四至五次）

(15)我的右腳愈來愈沉重，愈來愈緩和。（四至五次）

(16)我的左腳是沉重而緩和的。（四至五次）

(17)我的左腳愈來愈沉重，愈來愈緩和。（四至五次）

(18)我的兩腳是沉重而緩和的。（四至五次）

※心臟

(19)我的心臟跳動很平穩。（一至二次）

(20)我的心臟是平穩的、放鬆的。（四至五次）

(21)我的心窩是暖和的。（四至五次）

※呼吸

(22)我的呼吸很規律。（一至二次）

(23)我的呼吸是平穩的、放鬆的。（四至五次）

(24)我的胸腔好暖和。（四至五次）

※綜合

(25)我的兩腳是沉重而緩和的。（一至二次）

(26)我的兩隻手臂是沉重而緩和的。（一至二次）

(27)我的心窩是暖和的、我的胸腔好暖和。（一至二次）

(28)我很平靜。

(29)我很放鬆。

(30)我很舒服。（修改自潘正德譯，1995；張小鳳等譯，1991）

4. 想像或自我暗示冥想。

　　(1)繼續把眼睛輕輕閉起來（想像著……想像著一個可以讓你放鬆的景象，繼續專心地想……，讓自己更清楚地看到這景象……）（重複二至三次）

　　(2)如果看到了……點點頭……

(3)去感受它……放鬆……放鬆……

(4)把自己融入這景象中

(5)專心去聽

(6)聽到了……

(7)專心去看

(8)看到了……

(9)你很平靜……

(10)很放鬆……

(11)放鬆……放鬆……再放鬆……

(12)你全身平靜而沉重。

(13)你全身溫暖而放鬆。

(14)好好感受體會這種安靜……放鬆……緩和……

(15)默默告訴自己覺得很平靜……好沉重……好放鬆……好緩和……

(16)好好體會很平靜……好沉重……好放鬆……好緩和……

(17)……

(18)……

(19)（約十秒後）

(20)現在準備離開你的景象。

(21)你在向影像道再見。

(22)我會從十到一倒數計數。

(23)每倒數一個數字，你會逐漸清醒。

(24)隨著每次倒數慢慢回到你原來的房間。

(25)十。

(26)九。

(27)八。

(28)七。

(29)六。

(30)五。你正在離開你的景象。

(31)四。

(32)三。

(33)二。

(34)一。你已經回到原來的房間。

(35)慢慢地睜開眼。

(36)深呼吸。

(37)慢慢動動你的手。

(38)慢慢動動你的腳。

(39)慢慢坐起來。

(40)慢慢站起來深呼吸。

(41)現在你的心情更平靜……更輕鬆。（改自潘正德譯，1995）

㈤思考中斷法（stop thinking）

　　思考中斷法可以有效地處理強迫觀念與恐懼思考，所謂強迫觀念係指個體心中經常重複不真實、不合理、具破壞性的、引起個體焦慮或壓力之想法。包括自我懷疑如「我一定做不好這項工作」、「我不如別人，我一定考不好」等負向內在自我語言，影響個體身心適應。強迫觀念則指個體不必要的擔心或害怕，有若古人之杞人憂天，包括身體沒病但一直擔心我的頭部、我的胸部是否有問題？如果公司要裁員，是否我是第一個？恐懼症則指某些特定物體或情境會讓個體莫名其妙地恐慌。例如，空曠之恐懼、幽閉恐懼症，或恐懼之念頭一直在腦中盤旋，引起焦慮或壓力。

1. **步驟**

　　(1)讓個體集中注意力於錯誤或引起焦慮之想法。

　　(2)一段時間後以「停止」的命令或訊號來中斷「引起焦慮之想法」。

　　(3)使腦中空白，停止引起焦慮之想法。

2. **方法**

　　於圖 8-1 中斷思考想法評估分析圖中，依序：

(1)列出引起個體壓力的想法。

(2)於甲欄評量：

　　a.代表非常合理的想法。

　　b.代表合理的想法。

　　c.代表不必要的想法。

　　d.代表令我困擾試圖停止的想法。

　　e.代表非常想停止的想法。

(3)於乙欄評量

　　a.代表完全沒有干擾。

　　b.代表有一點干擾。

　　c.代表有時候會有干擾。

　　d.代表經常有干擾。

　　e.代表非常有干擾。

　　由甲欄及乙欄之自我分析後，就甲、乙兩欄分別評量，對於評量分數皆高於 c 以上者，綜合自己的感受，覺得自己願經由停止思考法改變引起之焦慮行為之項目，於□內打∨，優先進行中斷思考法。

1.列出引起壓力的想法	2.評估想法		3.綜合評量
想法	甲欄（a-e）	乙欄（a-e）	
(1)＿＿＿＿＿	＿＿＿＿＿	＿＿＿＿＿	□
(2)＿＿＿＿＿	＿＿＿＿＿	＿＿＿＿＿	□
(3)＿＿＿＿＿	＿＿＿＿＿	＿＿＿＿＿	□
(4)＿＿＿＿＿	＿＿＿＿＿	＿＿＿＿＿	□
(5)＿＿＿＿＿	＿＿＿＿＿	＿＿＿＿＿	□

圖 8-1　中斷思考想法評估分析圖

(4)想像導致壓力之情境：讓當事人眼睛閉起來，回想引發壓力之情境，當當事人覺察到壓力時，當事人可以自己將食指翹起，代表已喚起壓力。

(5)外力打斷引進壓力想法之連結：當當事人翹起食指，諮商師即「大聲喊停！」打斷不合理想法與壓力情緒之連結。亦可以鬧鐘、其他聲響、輕微電流如捕蚊拍，打斷其不合理想法與壓力之連結，但必須合於專業倫理且徵詢當事人同意。

(6)自我打斷引起壓力之想法：打斷不合理想法與壓力情緒之連結。當事人亦可以自我學習「大聲喊停」，進而「無聲喊停」或以自己可行的方式喊停，如以橡皮筋彈壓自己，或以指頭壓合谷穴（即虎口）。

(7)正向思考之替代：以正向肯定之想法替代強迫性想法，例如，當事人不敢坐火車，可引導其自我敘述：「搭火車比汽車安全，而且不會塞車。」

　　中斷思考需要時間練習，通常須三天至一週不斷練習，練習後如察覺不合理想法，立即打斷或轉移注意力至其他行為亦有效。如果第一次實施即失敗，可能不適合此種方法，亦可考慮改用其他方法。

3. 效果

中斷思考法有效果之原因，可能與下列三者有關：

(1)「喊停」的命令是一種「干擾」，打斷了破壞性、不合理或負向思考，與壓力或焦慮反應間之連結，即刺激 S（Stimulus）與反應 R（Response）間的連結。

(2)「喊停」的命令好像是一種「懲罰」，消弱了原先刺激 S——不合理想法引發之反應 R——焦慮反應行為。

(3)正向肯定反應之中斷思考法，為一種「正向取代」負向思考之方法。

第二節
壓力調適生理策略之方法

　　本節介紹運動法、呼吸法及生物回饋法等三種壓力適調生理策略之方法，分述如下。

一 運動法

　　適當運動對於壓力調適有其效果，規律的運動能增進身體之安適狀態，運動可增加身體敏感度，增進身體之自覺，減輕壓力，增加對事物之注意力，並且避免血液中葡萄糖增高、心跳加速即肌肉緊張等壓力的問題。

　　適當的運動，如國民健康局推動之 333 運動法（每週運動三次，每次三十分鐘，脈搏跳到 130 下），對於心理健康的幫助有下列幾點：

1. 運動使你感覺精神好、身體好，會有較好的自尊。

2. 健康的外表會令人對你有較正向的觀感，和較多的社會人際、職業上的成就。

3. 感覺清醒而有能力。

4. 能成為好的工作者，因為較少病痛較少請假，工作態度較積極。

5. 減少憂鬱和焦慮的感覺。

6. 較能處理壓力，所以也能減少相關壓力下的不適當行為。（潘正德譯，1995）

　　運動減壓必須先檢核自己身體之狀況，到合格醫院健康檢查，了解自己的身體狀況，聽聽復健醫師之建議，擬定適當之健康計畫，逐步進行，尤其運動前之暖身運動更不可少，持之以恆，相信對壓力消除有一定的效果。

　　一般而言，適當之運動減壓，不妨嘗試以散步開始，下班時搭車提早一站下車，安步當車，尤其繞道公園欣賞一下綠色景物；上班時走樓梯，如果身體許可，少搭電梯；盡可能利用大眾交通工具，增加走路機會，參加機構之運動性社團如登山社、球類社團，增加互動、鼓勵與支持，不僅增進健康又增進人際關係。此外，運動亦可加些趣味性，如登山健行一邊走路一邊欣賞風景，而且運動時不要逞強，量力而為。亦可配合計步器，了解自己努力的成果，記錄下來，自我增強。

 二 呼吸法

　　呼吸運動為最簡單之運動減壓法，一、兩分鐘即可學會，或許你會說「三歲

小孩都知道」，人人都會呼吸，但如何好好呼吸卻是一門大學問，中國之氣功，簡單說就是學習「好好呼吸」。呼吸運動在減低焦慮、沮喪、暴躁易怒、肌肉緊張及疲倦，皆有一定效益。

由相關文獻資料可知，呼吸運動包括有深度呼吸、放鬆的嘆息、完全自然的呼吸、淨化的呼吸，有些是配合淨化的呼吸發展出來的「敲去緊張」、「興奮劑」、「風車」、「彎曲」，另有些配合冥想法發展之「完全自然的呼吸及想像」，以及類似放鬆之交替呼吸（張小鳳等譯，1991），本章僅介紹深呼吸法。

(一)呼吸之覺察

練習呼吸之前，先進行呼吸之覺察，其步驟如下：

1. 以「死人般」的姿勢躺在地毯上，兩腿伸直微張，腳趾舒服地向前伸直，手臂平放兩側不觸及身體，手掌向上，眼睛微微閉上，讓自己完全放鬆。
2. 將注意力放在呼吸上，去覺察呼氣時上下律動最明顯之部位，如果是胸部，大都為多而淺之呼吸。
3. 把雙手輕輕放在腹部，注意你的腹部於每次吸氣時升起，每次呼氣時下降。
4. 如果你是透過鼻孔呼吸，是不錯的習慣，但注意定期清理鼻毛。
5. 檢核你的胸部與肺部是否和諧一致地律動。嘗試讓你的胸部隨著腹部律動。
6. 檢視你身體上的緊張，尤其喉嚨、胸部及腹部。

(二)深度呼吸

1. 讓自己躺在地毯上，彎曲膝蓋並將腳張開約三十公分，腳趾微向外伸，確定脊柱是直的。
2. 檢視身體的緊張。
3. 把一手放胸部，另一手放腹部。
4. 深深地、慢慢地由鼻子吸氣到腹部，以你覺得最舒服的方法將原先放於腹部的手，放鬆地離開腹部。
5. 當你對於第四步驟很自在時，微笑，然後透過鼻子慢慢地吸氣，再由嘴巴慢慢地呼氣，這時會發出一種輕輕的、輕鬆的，就像風一樣的聲音，這樣你的嘴巴、舌頭、下巴將會放鬆。當你做出一個深深的呼吸時，會讓你的腹部深深地

上下律動。當你愈來愈放鬆時，請將注意力放在呼吸的聲音與感覺上。

6. 每次持續五至十分鐘，每次練習一至二次，連續二週。然後可延續每次至二十分鐘。

7. 每次做完一個階段後，檢核你呼吸前後身體放鬆的感覺。

　　當腹部呼吸時，你會覺得放鬆，因此任何時候只要你願意，皆可練習並體會放鬆的感受。當你學會用深呼吸放鬆時，任何時候當你緊張時即可應用於放鬆自己。

三　生物回饋法

　　生物回饋（biofeedback）為行為治療的一種，治療者利用一系列的電子儀器設備（如圖 8-2），將人體正常或異常的生理現象或身心歷程，如心跳、血壓、呼吸、腦波、肌肉電位、皮膚溫度、皮膚電阻等，加以量化並轉變為視聽訊號。接受信號後，經由生理回饋儀，轉化器將信號藉由放大器放大，再透過處理器傳給顯示器如電視螢幕（PC），壓力大號為一個大圓圈，藉由類似回饋信號，當事人知覺覺察，內在處理其壓力，當事人藉由此生理回饋逐漸學會，當壓力感減少，

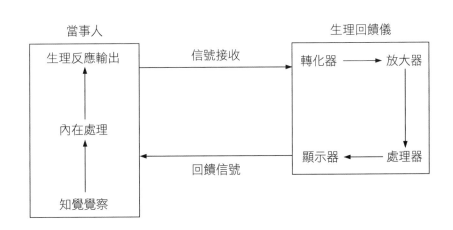

圖 8-2　生物回饋階段圖

（資料來源：周勵志，1989，第 10 頁）

螢幕之訊號逐漸縮小,到壓力感完全沒有時,螢幕上之訊號成為一點,到完全消失。呈現給當事人知道,據此當事人可以經由資料分析、「嘗試錯誤」的學習過程,學會管理或控制某些身體功能。因此生理回饋儀器就如同一面鏡子,讓人們看到自己平常無法自覺的生理功能,進而學習改變之(周勵志,1989;潘正德譯,1995)。

生物回饋的歷程中,個體學習有效地改變自己的兩種生理反應,一種是平常無法以意志力控制的反應(自發性反應);另一種是平常可以控制的反應,但控制力會因外傷或疾病而破壞。

生物回饋與其他放鬆的方法如瑜珈、冥想、超覺靜坐、坐禪、外丹功、催眠及肌肉鬆弛法一樣,皆減低人體之交感神經系統之亢奮,適用於治療功能性心臟血管病患、消化系統功能失調、心身症,及應用於心理治療如壓力症候。

(一)生物回饋的優點

1. 練習過程中,當事人可以清楚知道自己之生理活動狀況。

2. 提供之訊息是一般人所易於了解的,而且藉由儀器之測定,可以更直接、更正確地了解及評估當事人之心理狀態。

3. 資料為連續性的。

4. 當事人經由持續了解自己內在之資訊,更能真正體驗並自我調整內在狀態及生理狀況。

5. 當事人藉由資訊提供,由外在醫療外控之協助,改為內控之自我幫助。

6. 由於不自主的生理活動可以反映出情緒,因此生物回饋過程的生理改變,有助於治療者與當事人之間情緒之說明。

7. 生理上之好處:研究顯示單用肌電圖(EMG)之生物回饋儀器,就對氣喘、高血壓、磨牙、適度運動、腦性麻痺、語言障礙、肌肉緊張不足、潰瘍、神經肌肉傷害、偏頭痛、大腸炎等有助益。

8. 心理上的好處:有利於治療如恐懼症、焦慮、過動兒、講台恐懼症、憂鬱、失眠、藥癮、酒癮、疼痛、性功能失常及口吃等。

(二)生物回饋之壓力處治程序

1. 初步評估面談階段

篩選適合以生物回饋法進行壓力調適之當事人進入治療程序後，須建立良好治療關係，說明生物回饋之概念、解釋儀器之回饋功能、強調家庭作業練習之重要性、澄清治療目標，及量化壓力症狀與放鬆度。

2. 設定生理指標的基準線、練習目標，並訂定家庭作業

依據當事人之主要壓力生理症狀，選定較敏感的生理指標，設定每次治療目標，依實際狀況與當事人討論，請當事人將每日的症狀變化做記錄。

3. 處遇階段

訓練內容包括自我評量訓練、辨別訓練及轉換訓練，並可同時加上放鬆訓練。

4. 結束與追蹤階段

若當事人已能自我控制，已學得放鬆壓力之內在感覺，可據此在家中練習，改為一至二個月之追蹤，鼓勵及增強當事人之持續練習。

第三節
壓力調適社會支持策略之方法

社會支持網路的認識建立、維持與運用，為壓力調適重要因應方法之一，包括情緒性支持、工具性支持及資訊性支持（黃惠惠，2002）。社會支持網路能協助我們建立一座兼顧舒適的「房子」，個人的生活「地基」由四根柱子來支撐，即家庭、工作、嗜好及社區參與，家庭能支持我們的情緒；工作能使我們感到有用且有生產力；嗜好能教導我們有建設性地利用休閒時間；而社區參與不僅是支持別人，同時也接受別人支持，促進個人之成長（藍采風，2000）。另涵蓋社會資源的運用，其中包括政府或民間之資源（張德聰，2003）。此外，自己過去的成功經驗亦為資源之一。壓力調適之社會支持策略如下：

一　自我社會支持網路分析

　　謹參考黃惠惠（2002）之社會支持系統檢核表，及藍采風（2000）之支持系統評估，綜合修正如表 8-4，方便讀者檢核自己的支持系統。

表 8-4　自我支持系統檢核表

1.當我面對壓力或困難時，我的「支持系統」為何？

1.能提供我情緒支持者	誰	滿足程度		
		高	中	低
(1)父母	（　　）	5　4	3	2　1
(2)家人	（　　）	5　4	3	2　1
(3)師長	（　　）	5　4	3	2　1
(4)朋友	（　　）	5　4	3	2　1
(5)同事	（　　）	5　4	3	2　1
(6)專業人員（包括醫師、心理師、專業神職人員）	（　　）	5　4	3	2　1
(7)社會資源機構（如「張老師」、「生命線」）	（　　）	5　4	3	2　1
(8)其他	（　　）	5　4	3	2　1
(9)其他	（　　）	5　4	3	2　1

　　由上述分析中，你覺得在情緒性支持系統方面你最願意使用哪三種？

　　_____、_____、_____。

2.當我面對壓力或困難，需要人力、金錢、用具、設備或場地等「工具性」的協助時，我的支持系統為何？

2.能提供我工具性支持者	誰		滿足程度		
			高	中	低
(1)父母	(	)	5 4	3	2 1
(2)家人	(	)	5 4	3	2 1
(3)師長	(	)	5 4	3	2 1
(4)朋友	(	)	5 4	3	2 1
(5)同事	(	)	5 4	3	2 1
(6)專業人員 （銀行行員、會計師）	(	)	5 4	3	2 1
(7)社會資源機構 （如銀行、政府社會福利部門）	(	)	5 4	3	2 1
(8)其他	(	)	5 4	3	2 1
(9)其他	(	)	5 4	3	2 1

由上述分析中，你覺得在工具性支持系統方面你最願意使用哪三種？

_____、_____、_____。

3. 當我面對壓力或困難，需要提供或分析資訊等「資訊性」的協助時，我的支持系統為何？

3.能提供我資訊性支持者	誰		滿足程度		
			高	中	低
(1)父母	(	)	5 4	3	2 1
(2)家人	(	)	5 4	3	2 1
(3)師長	(	)	5 4	3	2 1
(4)朋友	(	)	5 4	3	2 1
(5)同事	(	)	5 4	3	2 1
(6)專業人員 （如相關資訊之專家）	(	)	5 4	3	2 1
(7)社會資源機構 （如「張老師」基金會網站）	(	)	5 4	3	2 1
(8)其他	(	)	5 4	3	2 1
(9)其他	(	)	5 4	3	2 1

由上述分析中，你覺得在資訊性支持系統方面你最願意使用哪三種？

_____、_____、_____。

二 了解社會資源

　　張德聰（2003）曾將社會資源歸類為十四類，包括：

(一)終身教育資源系統（education）

1. **傳統教育管道**：如各級學校由小學以至研究所。

2. **推廣教育**：如各大學之推廣教育中心。

3. **隔空成人多元媒體學習管理**：如國立空中大學、高雄市立空中大學、空中行專及空中技術學院。

4. **政府之在職教育管道**：如公務人力發展訓練中心、公務人員研習中心、國家文官訓練所。

5. **職業訓練管道**：如各地區之職業訓練中心。

6. **民間教育管道**：如各地社區大學、各縣市救國團社會教育服務中心、社會大學、長青學苑、企管顧問公司開設之課程。

7. **各宗教設立之進修學習管道**：如基督書院、佛學院。

(二)醫療服務資源系統（medical）

1. **一般醫療服務系統**：如各級醫院及醫療中心、衛生所、家庭之特約醫師。

2. **精神醫療服務系統**：如各地精神療養院、精神科、社區心理衛生中心。

(三)社會福利資源系統（social welfare）

1. **兒童福利服務系統**：如各地育幼院、兒童心理衛生中心、家庭扶助中心、兒童醫療相關基金會如兒童燙傷基金會。

2. **身心障礙福利服務**：如各地啟智協會、伊甸社會基金會。

3. **老人福利服務**：包括安養服務如各地仁愛之家，療養服務如療養院，安、療養服務如廣慈博愛院，及一般老人福利服務，如老人福利服務中心。

4. **青少年福利服務**：如青少年福利服務中心、少年輔導委員會。

5. **婦女福利服務**：如性侵害防治中心、婦女福利服務中心。

6. **社會福利服務中心**：如各地社會工作服務中心。

㈣**社會心理諮商輔導資源系統**（counseling and guidance）

1. 各級學校之輔導室及諮商輔導老師。

2. 心理、諮商輔導系統：如「救國團張老師」（簡撥號碼 1980，「依舊幫
   我」）。

3. 自殺防治中心：如生命線（簡撥號碼 1995，「依舊救我」）。

4. 戒菸諮商專線：如行政院衛生署委託「張老師」基金會之免付費戒菸諮商專
   線 0800-63-63-63。

㈤**法律檢警系統**（law）

1. 如各地區警局派出所。

2. 各級法院及簡易法院。

3. 各地區調解委員會、各大學法律科系設置之法律服務中心。

4. 更生保護會。

5. 律師。

㈥**宗教資源系統**（religion）

1. 各宗教組織：如佛寺、廟宇、道觀、教堂、教會、清真寺等。

2. 各宗教團體之教會及服務系統：如慈濟基金會、世界展望會、基督教宇宙光
   輔導中心、天主教耕莘心靈服務中心。

㈦**職業服務資源系統**（occupation）

  如各職業工會、各地就業輔導中心、職業訓練中心。

㈧**資訊服務系統**（information）

1. 圖書資訊服務系統：如圖書館、社教館。

2. 網路服務系統：包括Hinet、ADSL，如運用網路可以查詢、蒐集及傳遞資訊、
   購物、買火車票、機票、投資股票、報稅、網路銀行、報名活動、開會、上
   課、聽演講、交友，甚至心理諮商如網路「張老師」。

㈨**休閒資訊系統**（recreation）

1. 運動服務系統：如各地運動場、各運動有關協會如籃球、排球、足球、體操
   協會等。

2. **休閒資源系統**：如觀光局、國家公園管理處、旅行社、救國團等。

㈩理財服務系統（money）

如有保障的互助會、銀行、基金、股票投資，甚至有些家庭有特約會計師。

(十一)保險服務系統（insurance）

如全民健保及各保險公司和郵局之人壽、意外、醫療、產物及各種保險。

(十二)家庭管理服務系統（family management）

如家庭兒童保育、托管及家教、清潔、家事協助，甚至送洗衣物、家庭伙食代辦或採購。

(十三)交通服務系統（traffic）

如特約之計程車、公車、電聯車及交通電信服務。

(十四)個人社會支持系統（personal support）

如個人之親朋、好友、師長、同事、同學、同宗、參加之社團。

三　善用資源

就個人平常較可能面對之壓力或困難事宜，及早探索了解可能使用之各類資源，並適當建立聯絡管道、電話，甚至建檔於電腦、PDA 或印出後拷貝放於身上，以備緊急需要時使用，並且定期檢核更新。

第四節　壓力調適綜合策略之方法

上述各項解壓之道，皆為方便了解加以分類，然而許多方法可以共同使用，因此謹加以綜合之，提供讀者解決壓力的「心理維他命」。

一　解壓的心理維他命 A

細分為八種複方可交替使用。

Aware（覺察）

解壓之前必須先了解壓力源何在？壓力之反應及影響如何？自我壓力種類為何？方能訂出解壓之優先順序。

Accept（接納）

面對壓力要能自我接納，不怨天尤人，也才不會浪費精力，如此方能平心靜氣，迎接挑戰，承擔責任。

Avoid（避免）

有些壓力若能事先避免，則可預防勝於治療，例如「不」延攬太多工作，「不」答應超出自己能力之事，「不」做出超出自己職務角色之承諾，「不」花費超出自己之預算，加上「沒有」煩事在心頭，如此四「不」一「沒有」，相信壓力自然遠離你身邊。

Arrangement（安排）

天下之壓力常起自「忙」、「忙中有亂」、「亂中有錯」、「錯中生慌」、「慌中有壓」，因此如何妥善安排人、事、時、地、物的組合，相信有計畫不會忙，「忙中有閒」、「亂中有序」、「不慌不亂」、「按部就班」，壓力自然減輕。

Approach（接近）

醜媳婦難免要見公婆，再醜樣兒也不過是如此，既然遲早要面對，或許早點用心準備，就不至於匆忙應對，以致不周延。許多人常不到最後關頭絕不輕言「做事」，以致如同企業之「80/20 定律」，即以 20%的時間做 80%的事，難免會擠在一團。因此不如及早準備，凡事豫則立，不豫則廢，自古皆然。

Alter（替代）

凡事必有預備方案，如此方不至於因變生亂，例如，戶外活動若無雨天預備

方案，一旦天雨，措手不及。天有不測風雲，人生亦然如此，因此有些事固然義無反顧，但更多事須思索可能變化，方能有所因應。

Action（行動）

計畫若無行動，將一切成空！因此擬定具體合適的解壓行動是解壓的開始。

Achievement（成就感）

任何事要能繼續做下去有許多原因，但其中最重要的是做得有意義、有效果；換言之，就是有成就感。當我們面對壓力時，要不斷地給自己打氣，激勵自我，只要有一個小小的改變就值得鼓勵，如此才能繼續完成目標。

二　解壓的心理維他命 B

Belief（信念）

整理自己的生活信念，並由其中思考哪些較為正向或對自己有幫助。將解決壓力的信念列舉出來，或做成書籤，夾於自己書中或放於皮包內自我激勵。例如有人於遇到挫折時，以「山不轉，路轉！路不轉，人轉！」；當遇到不好溝通的事時，以「山不就我，我就山」；於遭到毀謗或誤解時，以「莫聽閒雨穿林聲，也無風雨也無晴」等自我激勵。

我的正向信念為：

_____

_____

訪問三位同學或好友，聽聽他們在遭到壓力或困境時，自我勉勵的正向信念：

_____

_____

三　解壓的心理維他命 C

Chance（機會）

　　將壓力當成自我磨練的機會，將危機化為轉機，善用轉機為契機，把握契機開創新機，成為人生之利基。的確每一個壓力或危機，都是讓我們有機會省思的機會，也是改變的契機，更是創新突破的新機，如果能以積極正向的心態迎接壓力，就能得到利基。

 四　解壓的心理維他命 D

Direction（方向感）

　　面對壓力要有自己的方向，否則手忙腳亂、徒增壓力，而建構自己解壓方向前，必須先好好參考解壓的心理維他命 A 八種複方。

 五　解壓的心理維他命 E

Environment（環境）

　　環境常造成壓力，如噪音、髒亂，但如果我們能好好調適環境，則反之成為解壓的好地方。除了保持適當之整潔外，或許於屋中可以建構自己的「心靈角落」，當心裡有壓力時，於此角落可以讓自己安心，或許一張自己最喜歡的海報或相片、幾本自己最喜歡的書、幾張讓自己可以平心靜氣的 CD，加上自己喜愛的盆景、一張可以讓自己躺下的地毯，或許你就可建立自己的心靈基地了！

　　外在環境中，如戶外離家不遠的山坡、公園甚至教堂或寺廟，只要能讓你心靈平靜之處，無處不可，有若舒伯特「菩提樹」歌詞中所描述之景象，或許你可請教同學或朋友有關他的「心靈角落」，共同分享。

六　解壓的心理維他命 F

Family（家庭）

　　「甜蜜的家庭」是許多人離家時，午夜夢迴心中縈繞掛念的。如何與家人建立良好的支持關係，讓家成為自己最放心的避風港，包括了心事之傾訴、實質性之支持、資訊之分享。

 七　解壓的心理維他命 G

Growth（成長）

　　壓力是一種困境，但也是一種成長及學習的好機會，因此於壓力因應中成長，甚至可於專業諮商人員協助下，成立解壓成長團體相互支持及成長。

 八　解壓的心理維他命 H

Help（助人）

　　「助人為快樂之本」這是一句老話，一般人過去常認為要身心健康快樂的人才可助人，其實不然。人生中隨時充滿著需要被幫助及助人的機會，公車上讓座給一個比你更需要座位者，可帶給你快樂；幫助一個身上大包小包沉重負荷的過馬路行人，因你幫他提一個袋子，讓他輕鬆跨過馬路，他那感激的眼神會讓你覺得有價值！

 九　解壓的心理維他命 I

Improve（改善）

　　人生中很難事事求全，甚至許多事是由錯誤中學習，成功者不在於他犯了多

少錯，重要的是如何由錯誤中學習教訓，如何改善，相信「凡人必有可取之處，凡事必有改進的餘地」，如能抱持此種心態，對於壓力之解決必有改善之處。

 **十** 解壓的心理維他命 J

Joining（投入）

　　許多工作壓力，當你真誠投入其中後，久而久之便可享受到投入之樂趣，其中會有許多成長及收穫。

 **十一** 解壓的心理維他命 K

Knowledge（知識）

　　知識就是力量，我們由過去因應壓力的經驗，及參加壓力調適研習會或相關書籍，可以學到許多解決壓力的知識方法。

 **十二** 解壓的心理維他命 L

Love & be love（愛以及被愛）

　　哪裡有愛哪裡就有美，如同馬斯洛（Maslow）在其人性基本需求中提及，人在「愛」人以及「被愛」的感受中，會覺得有歸屬感，如果一個人於壓力或困境中想到自己家人、朋友對自己之接納，或者社團之社員接納，對自己都是一種正向支持力量。

 **十三** 解壓的心理維他命 M

Meaning（意義）

　　人一生都在追求生命的意義，事實上有些人的壓力即來自自己的意義所在，

但我們亦可在面對壓力時，賦予意義，例如，有人於決定面對壓力後，自己告訴自己：如果我能突破這個壓力，可使我自己更增加信心；如果我不能突破，由失敗中我也會學到許多，因而盡心盡力去做，不管結果如何，無怨無悔。

 十四 解壓的心理維他命 N

New（求新）

　　解壓的方法之一即求新求變，思考如果我在那些地方「加多一點」、「減去一點」、「乘上一些」、「除去一點」可能會有什麼改變？如果在那些地方我能有一些改變，例如態度、方法、資源之尋求，將有所突破！

 十五 解壓的心理維他命 O

Open（開放）

　　學習以開放的心胸面對壓力，包括願意虛心檢討、學習新知、請教他人，不因一時挫折而妄自菲薄，反以挫折為師（張德聰，1995）。

 十六 解壓的心理維他命 P

Prepare（準備）

　　天下事，凡事豫則立，不豫則廢，工欲善其事必先利其器，於解壓之前必須有所準備，才能有計畫不會忙，有信心不會慌，有預算不會愁。

 十七 解壓的心理維他命 Q

Quit（跳出來）

　　當陷於困境，若執著其中必然無解，因此不妨暫時跳出來，讓心靈深呼吸，

於能量足夠之際，再進入解決。不妨在辦公室外之陽台或樓梯間種些黃金葛，看看它不管被置於何地，總是朝向陽光邁進；當「跳出來」之際看看綠意盎然，或許能有所體悟。

 十八 解壓的心理維他命 R

Rest（休息）

　　休息可以走更長遠的路，因此如何讓自己得到適宜的休息，亦是解壓之道。例如，每隔一段時間安排讓自己有完全自由的時間，關掉手機，漫步於公園走一段路，於午後在台北市中山北路灑落一身陽光，細數每棵樟樹，欣賞來往匆匆行人，揣摩每個人的心事，隨意進入北美館旁之咖啡屋，臥遊圓山之美，短暫的心靜，讓自己有能量邁開步伐，迎上前去。

 十九 解壓的心理維他命 S

Sharing（分享）

　　好東西要跟好朋友分享，壓力卻也可以跟好朋友分擔，一杯濁酒、一曲老歌、一盤花生米，兩三好友分擔人生多少事。雖不必哀傷悲淒，只要知己會心，明日太陽依舊爬上來。

 二十 解壓的心理維他命 T

Training（訓練）

　　壓力之因應是可以訓練及學習的，多培養正向之因應壓力習慣，好習慣多，壞習慣少，讓自己學習成長為解壓高手，化「劣壓」為「中壓」，變「中壓」成「良壓」。

二十一　解壓的心理維他命 U

Update（跟得上時代）

　　有些壓力是因為跟不上時代腳步，未能即時更新，因此要能了解時代趨勢，配合時代腳步，終身學習。不只是知識，包括心境，永保謙虛之心。

二十二　解壓的心理維他命 V

Value（價值感）

　　解壓之關鍵是當你承受如此壓力，要覺得有價值感，有必要、有意義、有效、有用。因此可以思索當做了之後的後果及遠景，才願意心甘情願無怨無悔。

二十三　解壓的心理維他命 W

Work（工作）

　　工作會讓人有價值感、有意義，對於壓力之因應甚具意義。而且工作使人必須與人接觸，或於投入工作之際必須專注，可以暫時離開壓力情境，讓人亦得以緩衝，但有些壓力係因工作負荷太重所致，反而必須減輕工作量。

二十四　解壓的心理維他命 X

Xanadu（世外桃源）

　　如果我們能如古詩：「終日尋春不見春，芒鞋踏破嶺頭雲，歸來笑攬梅花嗅，春在枝頭已十分。」「春有百花秋有月，夏有涼風冬有雪，若無閒事掛心頭，便是人間好時節。」則萬古長空，一朝風月，「日日是好日，夜夜是春宵」，心中自有世外桃源，何必一定要到「香格里拉」。

 二十五 解壓的心理維他命 Y

Youth（赤子之心）

不管生理年齡如何，我們相信心理年齡是可以年輕的，面對壓力愈是能保赤子之心，懷著年輕的心態，積極因應，相信有助於解壓的態度。

 二十六 解壓的心理維他命 Z

Zazen（打坐）

打坐為解壓的方法之一，為讓自己放鬆、放空，放下自我，放下執著。中國之禪宗，直指人心，見性成佛，教外別傳，不立文字。禪宗融洽「超越」與「內在」於一爐，它雖留在此岸，卻希望到達彼岸，它學到道家之超脫，卻百尺竿頭更進一步，如慧能法師所說：「外於相離相，內於空離空」（朱秉義譯，1979），於打坐中一方面學習專注，一方面學習呼吸，讓自己於打坐中體悟，屆時壓力不再是壓力，而是一種砥礪。如同六祖慧能法師的一首偈子：

心平何勞持戒？行直何用修禪？
恩則親養父母，義則上下相憐。
讓則尊卑和睦，忍則眾惡無喧。
若能鑽木取火，淤泥定生紅蓮。
苦口的是良藥，逆耳必是忠言。
改過必生智慧，護短心內非賢。

關鍵詞彙

壓力調適心理策略之方法	正向自我對話法
壓力調適的「情緒」策略	正向例外經驗法
說出來	假設想像解決法
寫下來	自我暗示法
唱出來	想像或自我暗示冥想
動開來	思考中斷法
跳出來	壓力調適生理策略之方法
慢下來	運動法
助人去	呼吸法
參觀去	生物回饋法
壓力調適的「行為」策略	壓力調適社會支持策略之方法
時間管理法	自我社會支持網路分析
正向習慣法	了解社會資源
肌肉鬆弛法	壓力調適綜合策略之方法
壓力調適的「認知」策略	解壓的心理維他命 A-Z

自我評量題目

1. 試述壓力調適心理策略之方法為何。

2. 試述壓力調適的「情緒」策略為何。

3. 試述壓力調適的「行為」策略為何。

4. 試述壓力調適的「認知」策略為何。

5. 試述壓力調適生理策略之方法為何。

6. 試述壓力調適社會支持策略之方法為何。

7. 試建構你自己於面對壓力時的社會資源。

8. 試述於解壓的心理維他命 A-Z 中，最適合自己的是哪幾種。

9. 對於你自己的壓力，書中所述方法中何者最有效？除了書中的調適方法
外，尚有哪種方法可以應用？

朱秉義譯（1979）。吳經熊著。**中國哲學之悅樂精神**。台北：華欣文化事業。

周勵志（1989）。生理回饋。**陽明院訊**，31，第二版。

張小鳳、劉以桂、邱大昕譯（1991）。**壓力終結者**。台北：自立晚報文化出版部。

張德聰（1995）。解決壓力的七種維他命。**講義，18**（1），115-116。

張德聰（2003）。生活中的社會資源。載於杜政榮等，**生活科學概論**。台北縣：國立空中大學。

黃惠惠（2002）。**情緒壓力管理**。台北：張老師文化公司。

潘正德譯（1995）。Jerrold S. Greenberg 著。**壓力管理**。台北：心理出版社。

藍采風（2000）。**壓力與適應**。台北：幼獅文化公司。

筆記欄

筆記欄

筆記欄

筆記欄

筆記欄

國家圖書館出版品預行編目資料

壓力與生活 / 周文欽, 孫敏華, 張德聰著. --初版. --
臺北市；心理, 2010.05
面；　公分.--（通識教育系列；33027）
含參考書目

ISBN 978-986-191-357-5（平裝）

1. 抗壓　2. 壓力　3. 生活指導

176.54　　　　　　　　　　　　　　　　99004224

通識教育系列 33027

壓力與生活

作　　　者：周文欽、孫敏華、張德聰
執 行 編 輯：陳文玲
總 編 輯：林敬堯
發 行 人：洪有義
出 版 者：心理出版社股份有限公司
地　　　址：231 新北市新店區光明街 288 號 7 樓
電　　　話：(02) 29150566
傳　　　真：(02) 29152928
郵撥帳號：19293172 心理出版社股份有限公司
網　　　址：http://www.psy.com.tw
電子信箱：psychoco@ms15.hinet.net
駐美代表：Lisa Wu（lisawu99@optonline.net）
排 版 者：辰皓國際出版製作有限公司
印 刷 者：辰皓國際出版製作有限公司
初版一刷：2010 年 5 月
初版五刷：2018 年 9 月
I S B N：978-986-191-357-5
定　　　價：新台幣 250 元